TODOS SOMOS ORO

Todos Somos Oro

ANDREW MALTÉS   ARTURO TORRES M.

ILUSTRACIONES:
OMAR ANDRÉS PENAGOS
COLOR:
CRISTINA ACHAUI

Planeta Junior

Todos somos oro

© Andrew Maltés, 2020
© Arturo Torres Moreno, 2020
© de las ilustraciones, Omar Andrés Penagos, 2020

© Editorial Planeta Colombiana, S. A. 2020
Calle 73 N.º 7-60, Bogotá (Colombia)
www.planetadelibros.com.co

ISBN 13: 978-958-42-8809-7
ISBN 10: 958-42-8809-1

Diseño y diagramación:
Departamento de diseño Editorial Planeta Colombia S.A.

Primera impresión: julio de 2021
Impreso por: Editorial Nomos S.A.
Impreso en Colombia - *Printed in Colombia*

No se permite la reproducción total o parcial de este libro ni su incorporación a un sistema informático, ni su transmisión en cualquier forma o por cualquier medio, sea éste electrónico, mecánico, por fotocopia, por grabación u otros métodos, sin el permiso previo y por escrito de los titulares del *copyright*.

*A mi padre, quien me enseñó a amar el
deporte y a admirar la fuerza de voluntad.*
Andrew Maltés

*A Dios, quien me dio una esposa que vale
más que una medalla de oro.*
Arturo Torres M.

ÍNDICE

INTRODUCCIÓN 11

VASILI ALEKSÉYEV 13
Halterofilia

MUHAMMAD ALI 17
Boxeo

ABEBE BIKILA 21
Atletismo-Maratón

ABHINAV BINDRA 25
Tiro

USAIN BOLT 29
Atletismo-Carreras

FERMÍN CACHO 33
Atletismo-Carreras

JOAQUÍN CAPILLA 37
Clavados

NADIA COMĂNECI 41
Gimnasia

ROBSON CONCEIÇÃO 45
Boxeo

THIAGO BRAZ DA SILVA 49
Atletismo-Salto con garrocha

MARÍA DEL ROSARIO ESPINOZA 53
Taekwondo

ÓSCAR FIGUEROA 57
Halterofilia

RICHARD FOSBURY 61
Atletismo-Salto de altura

IMRE GEDÖVÁRI 65
Esgrima

CHRIS HOY 69
Ciclismo de pista

CATERINE IBARGÜEN 73
Atletismo-Salto triple

LAURA KENNY 77
Ciclismo

LARISA LATÝNINA 81
Gimnasia artística

RAFAEL NADAL 85
Tenis

JESSE OWENS 89
Atletismo

MARIANA PAJÓN 93
Ciclismo BMX

PAULA PARETO 97
Judo

JEFFERSON PÉREZ 101
Atletismo-Marcha

MICHAEL PHELPS 105
Natación

CLAUDIA POLL 109
Natación

MÓNICA PUIG 113
Tenis

BORÍS SHAJLÍN 117
Gimnasia

MARÍA ISABEL URRUTIA 121
Halterofilia

JAN-OVE WALDNER 125
Tenis de mesa

HANS GÜNTER WINKLER 129
Equitación

EMIL ZÁTOPEK 133
Atletismo-Carreras

INTRODUCCIÓN

Cada cuatro años, cientos de naciones alrededor del mundo se detienen para ver a los máximos exponentes de cada disciplina deportiva dar lo mejor de sí mismos en lo que se conoce como las Olimpiadas o los Juegos Olímpicos.

Este libro es un homenaje a todos aquellos que, con su tenacidad y disciplina, nos invitan a seguir su ejemplo, a no darnos por vencidos, a levantarnos para caernos otra vez y seguir haciéndolo cuantas veces sean necesarias.

Hemos escogido tan solo treintaiún personajes que nos recuerdan los valores más importantes del deporte: la amistad, el respeto, el trabajo en equipo y la dedicación. Hubiéramos querido hablar de todos aquellos que ganaron el oro; de los que, a pesar de haber ganado un bronce, realizaron un esfuerzo digno del primer lugar; incluso de los que no llegaron a las olimpiadas y aun así siguen siendo un ejemplo como deportistas y como seres humanos.

Son muchos los que hemos dejado por fuera, pero esperamos que *Todos somos Oro* sea un aliciente a la curiosidad de grandes y chicos, para que encuentren por fuera de las páginas de este libro, otras historias memorables que inspiren sus vidas.

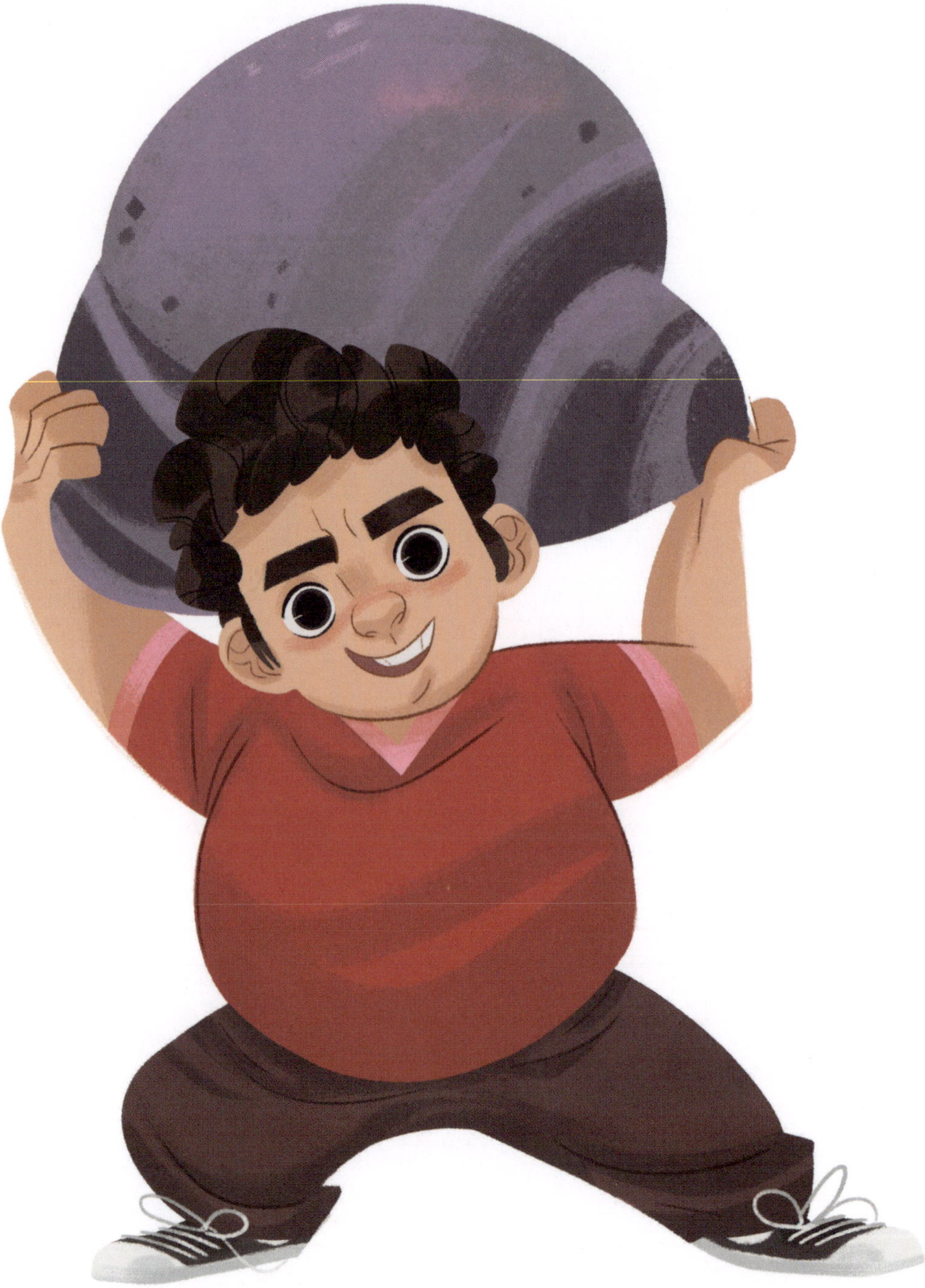

VASILI ALEKSÉYEV

Unión de Repúblicas Socialistas Soviéticas
(1942-2011)

Halterofilia

La niñez de Vasili transcurrió a las orillas del río Dviná del Norte, tierra de leñadores y pescadores, en el norte de la actual Rusia. A los once años comenzó a trabajar en una granja donde tenía que arrastrar troncos pesados. Allí fue desarrollando su descomunal fuerza y disciplina de trabajo. Pronto, pudo levantar más peso que muchos de los adultos de su pueblo. La gente lo consideraba el Hércules local, y decían que debía tener mucho cuidado de no forzar ninguna puerta porque la podía romper.

Un día tuvo una pelea con los matones de su colegio y uno de ellos terminó con la mandíbula rota, por eso estuvo un mes castigado. Durante este tiempo, obtuvo permiso para entrenar para un torneo de pesas. Gracias a un recursivo entrenamiento ganó la competencia nacional: juntó rieles de acero para hacer sentadillas con 200 kilos.

Su fama de fortachón comenzó a crecer en Rusia, donde arrasaba en todos los encuentros locales e internacionales. Logró, con sus 130 kilos, levantar, en la suma de los tres movimientos válidos para la época*, 600 kilos. Vasili inauguró la era de los poderosos pesistas soviéticos. Estos atletas eran celebrados por sus compatriotas como si fueran campeones de un mundial de fútbol.

En los Juegos Olímpicos de Múnich 1972 ganó su primera medalla de oro e hizo historia al levantar 645 kilos. Allí comenzó para él un reinado de más de una década en la que su único rival era él mismo. Durante este periodo, rompió sus propias marcas más de ochenta veces y logró ocho títulos mundiales.

Cuatro años después, ganó la presea dorada en las Olimpiadas de Montreal en la modalidad doble, al izar 255 kilos. Sus últimos Juegos Olímpicos fueron los de Moscú en 1980, aunque su participación no fue destacada.

Vasili fue un autodidacta que creó el revolucionario método progresivo, pues era un soldado solitario de carácter terco que jamás aceptó tener un entrenador o pertenecer a un equipo. También fue un esposo amoroso para su compañera, Ivanova. Murió a los sesenta y nueve años, tras dedicar sus últimas décadas a entrenar a pesistas y diferentes atletas profesionales que requerían aumentar su fuerza. Es considerado por muchos como uno de los mejores deportistas del siglo XX.

*Antes, la halterofilia tenía tres movimientos: arrancada, dos tiempos y fuerza. Esta última consistía en una primera acción idéntica a la de los dos tiempos y luego subir la barra usando solo la potencia de la baja espalda y los brazos. Esta técnica se suprimió por el riesgo de lesión y la dificultad de los jueces para evaluarla.

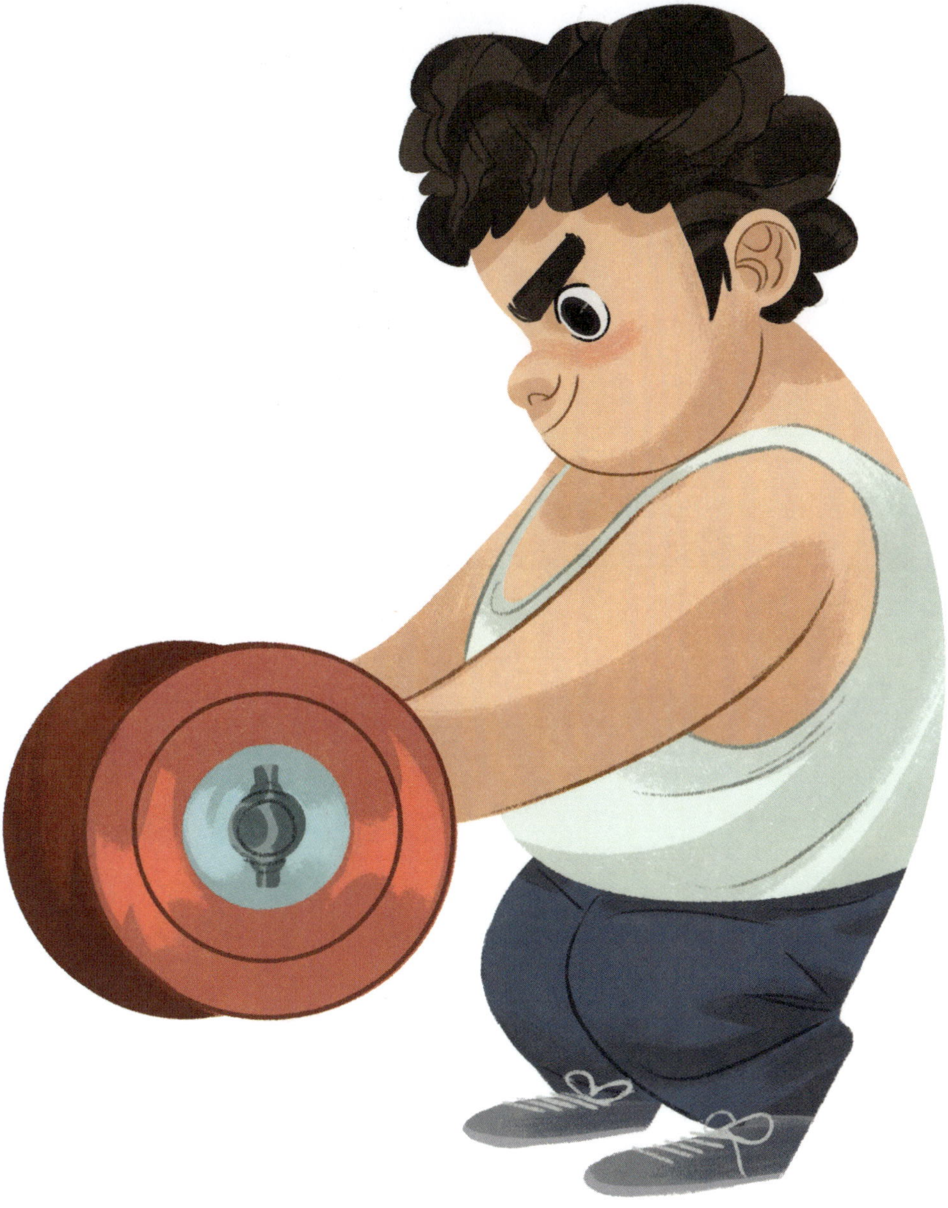

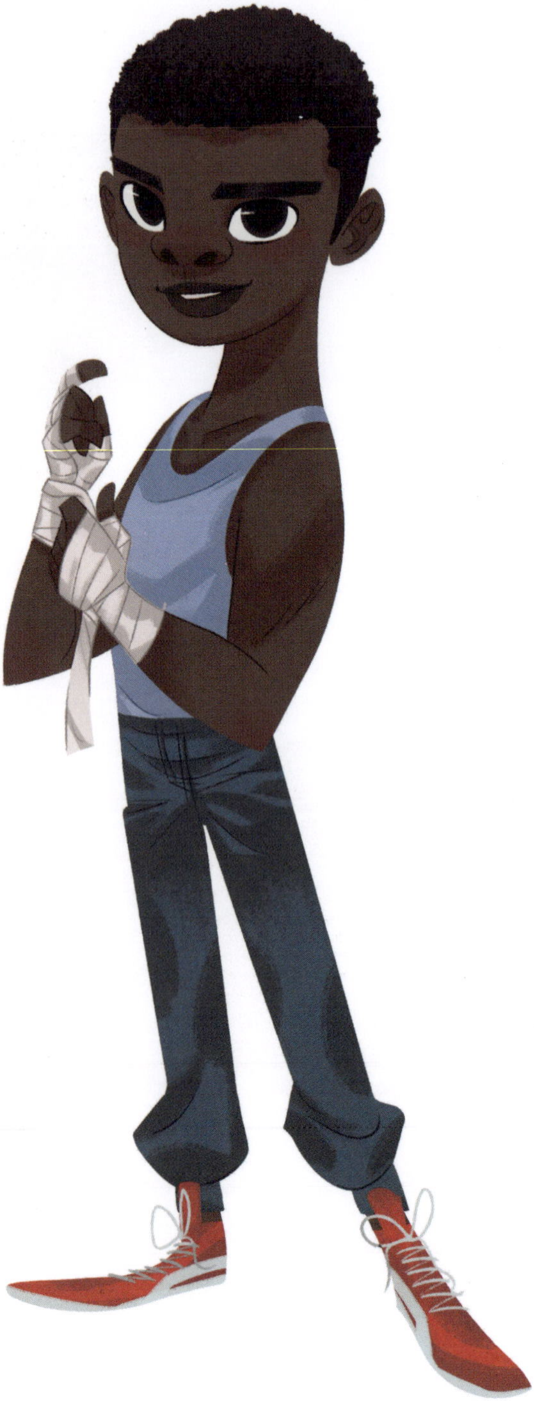

MUHAMMAD ALI

Estados Unidos

(1942-2016)

BOXEO

Muhammad Ali nació bajo el nombre de Cassius Clay, en Louisville, Kentucky. Toda su vida estuvo marcada por sus hazañas deportivas, su personalidad extrovertida y su activismo social, tan necesario en todas las épocas.

Su encuentro con el deporte, que lo convirtió en una leyenda, nació de un "afortunado" robo: cuando tenía doce años, aparcó su bicicleta al lado de un gimnasio, con tan mala suerte que fue hurtada. Furioso, gritó que iba a buscar al ladrón para golpearlo. Joe Martin, un oficial de policía, le dijo que primero tenía que aprender a boxear y lo invitó a entrenar allí. Cassius demostró tener un gran talento para este deporte, y en poco tiempo pulió su técnica ágil de poderosa pegada. Él mismo resumía su estilo con el lema: "Flota como una mariposa y pica como una abeja".

Ganó varios torneos nacionales como amateur y, con dieciocho años, fue a los Juegos Olímpicos celebrados en Roma, donde ganó la medalla de oro en la categoría de semipesados. A su regreso, comenzó su carrera como profesional y combatió en dos frentes de batalla simultáneamente: uno dentro del cuadrilátero, donde se convirtió en uno los más grandes boxeadores de la historia, y otro en su vida pública, peleando por la reivindicación de los derechos civiles de los afroamericanos. Ni siquiera como ganador de una medalla olímpica dejó de sentir la discriminación en su país.

En 1964 se convirtió a la fe islámica y cambió su nombre a Muhammad Ali, que significa "el amado de Dios". Se negó a ir como un soldado a la guerra de Vietnam, alegando que jamás un vietnamita lo había discriminado por negro. Por ser desertor, perdió su licencia de pugilista. Llevó su caso a los tribunales y el juicio trascendió fronteras. Con el tiempo, ganó el derecho a volver al *ring* y conquistó títulos mundiales en combates memorables que paralizaron al mundo entero, y con su activismo ayudó a construir una sociedad más justa.

Se retiró del boxeo y de la vida pública en los años ochenta al descubrir que padecía Parkinson. Reapareció en los Olímpicos de Atlanta 1996, en los que recibió una segunda medalla honorífica. Así, demostró que el deporte no solo es una actividad física, sino un poderoso vehículo para el cambio social. En este mismo evento tuvo el honor de encender el pebetero olímpico. La humanidad vio en ese momento a un Ali orgulloso de no haber renunciado nunca a sus ideales.

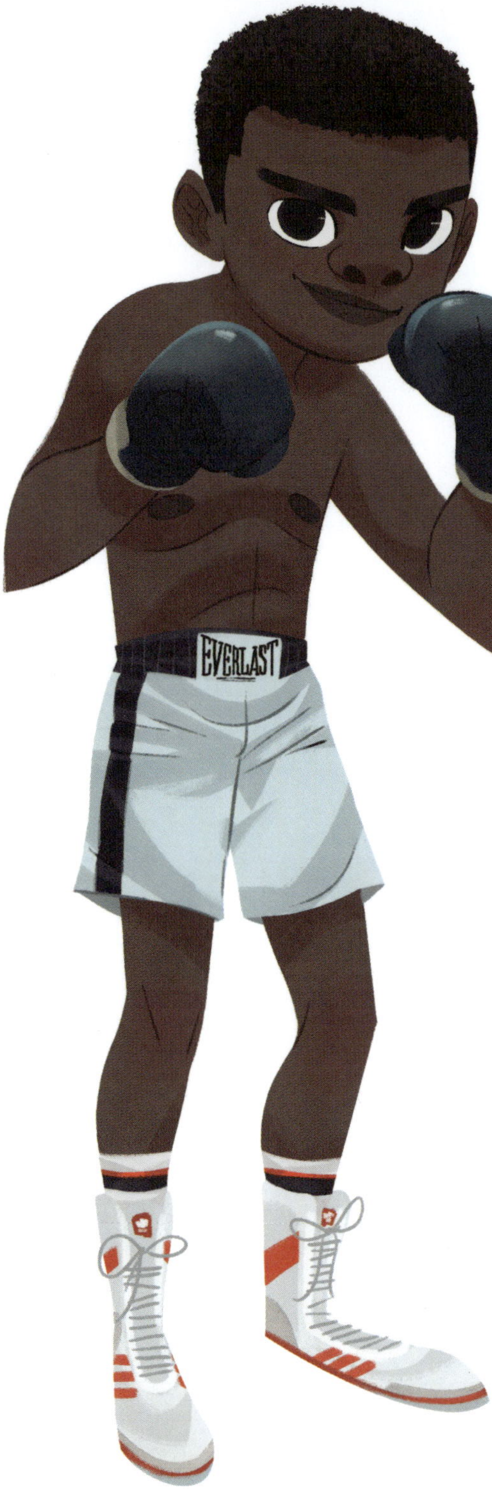
EVERLAST

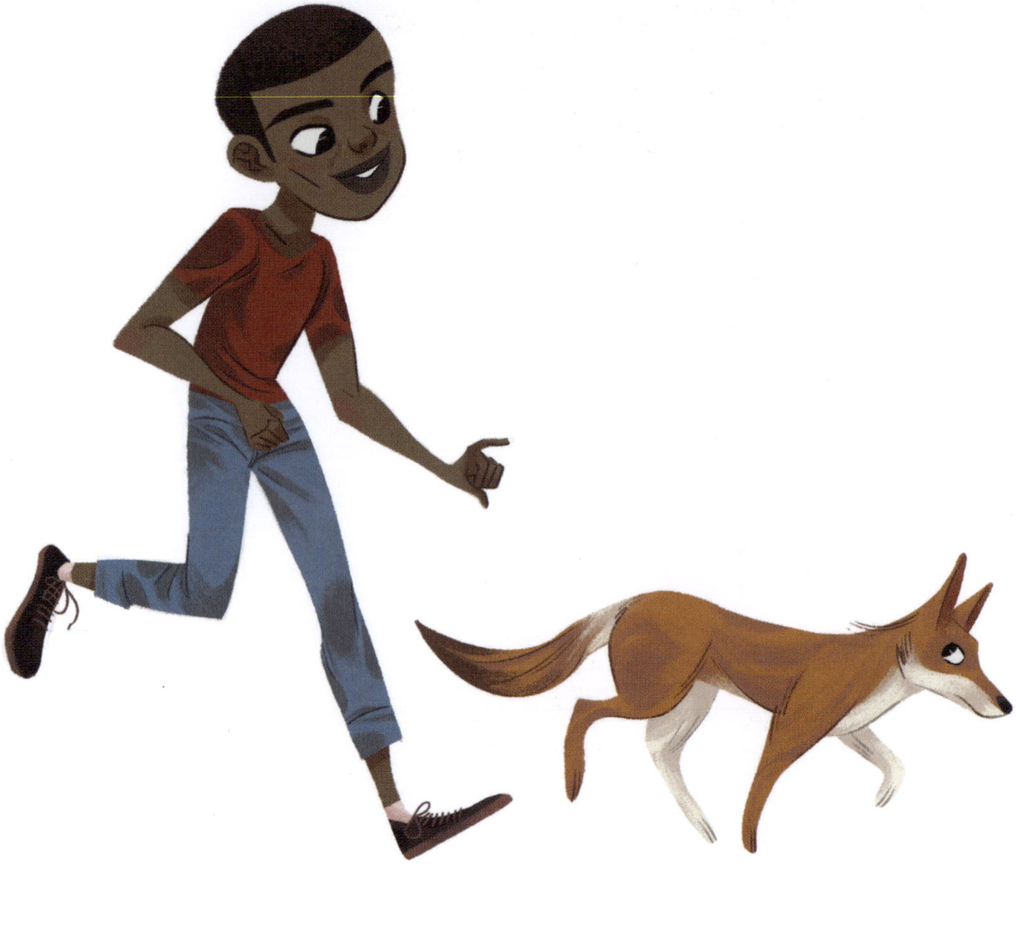

ABEBE BIKILA

Etiopía
(1932-1973)

Atletismo - Maratón

En 1935, cuando Abebe tenía tres años, Etiopía fue invadida por las tropas fascistas italianas. Su infancia la pasó pastoreando animales en la granja de su numerosa familia mientras su nación luchaba contra los invasores. A los catorce años aprendió a leer y luego, animado por el amor a su patria, entró a formar parte de la guardia nacional que había logrado la libertad de Etiopía un lustro atrás.

En el ejército comenzó a entrenar como atleta, y en 1960 viajó con la humilde delegación de su país a los Juegos Olímpicos de Roma. En ese entonces, el potencial de los corredores etíopes era desconocido por el mundo. Para sorpresa de muchos, el 10 de septiembre, al final de una calurosa tarde, Abebe empezó la maratón corriendo descalzo sobre el asfalto caliente.

El asombro fue aun mayor cuando logró mantener el paso de los favoritos durante buena parte de la carrera. Faltando pocos kilómetros para la meta, Abebe y un marroquí se adelantaron y sacaron una gran ventaja. Ahí comenzó un duelo personal entre los dos. El público estaba estupefacto. El atleta descalzo se posicionó como líder y, con zancadas firmes, obtuvo la gloria en las mismas calles donde, décadas atrás, las tropas italianas habían marchado triunfantes por la victoria sobre Etiopía.

Hasta ese momento, Abebe había corrido la maratón más rápida de la historia. La gente en júbilo lo levantó en brazos. Incluso un diario puso en primera plana: "Se necesitó todo un ejército para conquistar Etiopía, pero solo fue necesario un soldado etíope para adueñarse de Roma". Esta fue la primera medalla de oro para un etíope, lo que le valió un recibimiento de héroe en su país. Cuatro años después, en las Olimpiadas de Tokio, ganó nuevamente, pese a haber tenido apendicitis unas semanas antes.

Así se convirtió en el primer atleta ganador de dos maratones olímpicas seguidas. Ese día se dijo que no corría, sino que su energía fluctuaba con elegancia. Intentó ganar su tercer oro, ya con cuarenta años, en México 1968, pero un hueso roto del pie lo obligó a retirarse. En su lugar, un compatriota suyo ganó la carrera.

Años después, sufrió un accidente de tránsito que lo dejó parapléjico. En su silla de ruedas practicó tiro al arco y ganó un par de competencias, pero las secuelas de su condición le produjeron un deterioro que le causó la muerte.

Su voluntad de vencer nos inspira a alcanzar la grandeza y, aunque su registro fue superado, la imagen de un pastor de pies descalzos ganando el oro olímpico jamás será olvidada.

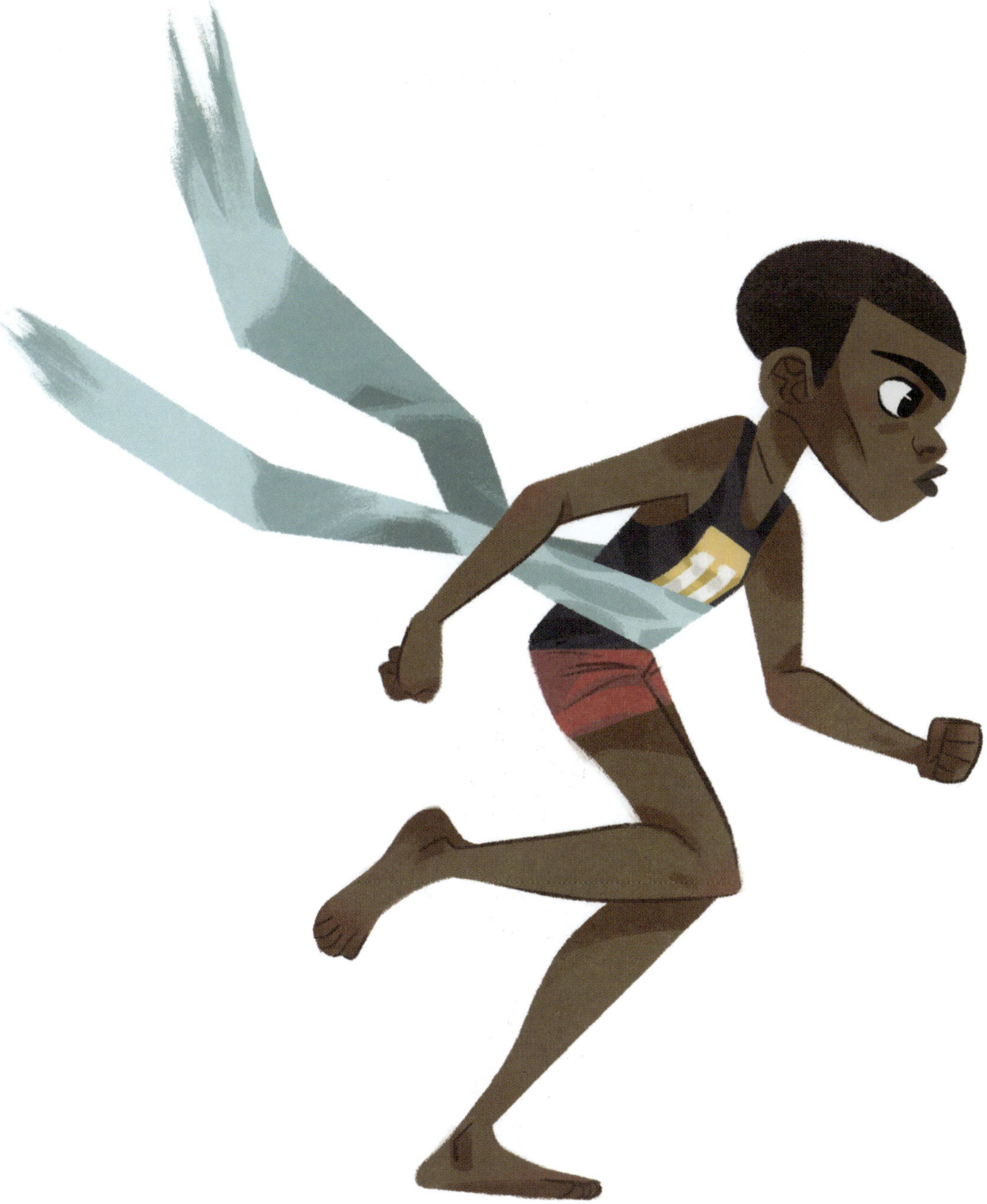

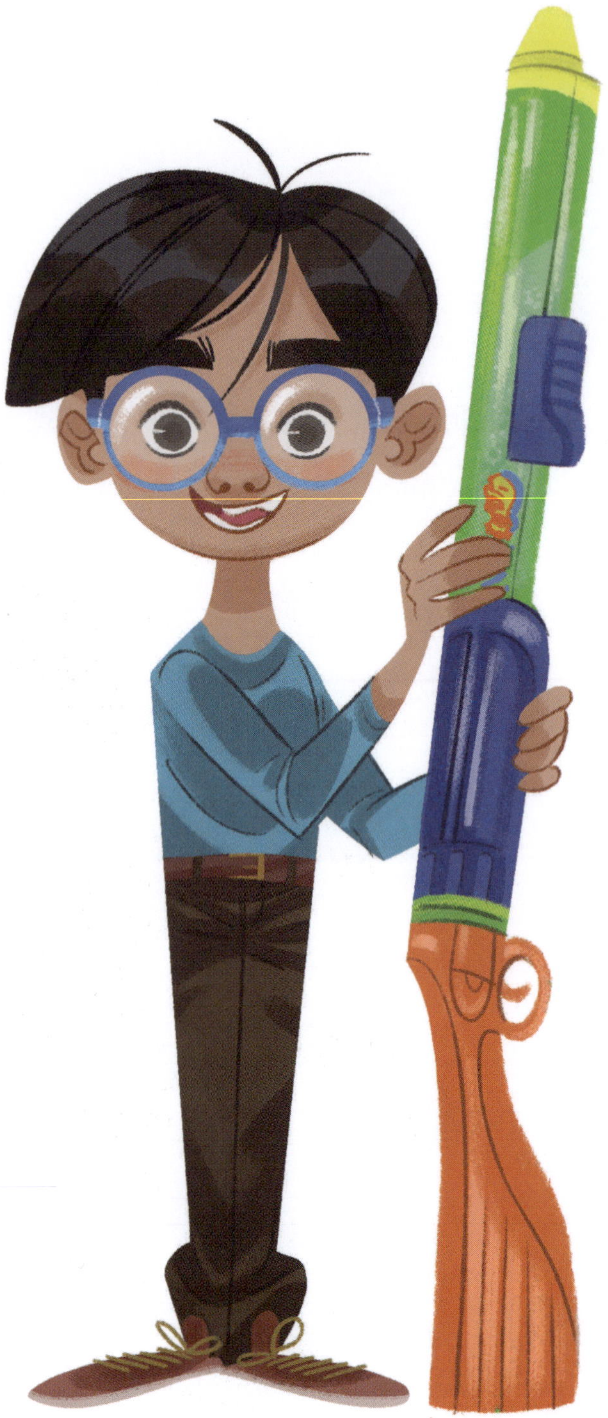

ABHINAV BINDRA

India
(1982)

Tiro

Abhinav Bindra, tirador indio en la modalidad de rifle de aire, tiene el honor, hasta el día de hoy, de ser el único deportista de su país que ha ganado una medalla de oro en forma individual. Como muchos buenos atletas, tuvo que enfrentar grandes obstáculos para llegar a la cima de un deporte en el que prima la concentración y la máxima disciplina; algunos de esos obstáculos venían de su propio cuerpo: padece epilepsia, tuvo una operación para corregir su vista y sufrió una dolorosa lesión en la espalda que por un tiempo impidió siquiera que sostuviera el rifle.

Abhinav nació en la ciudad de Dehradun, en el seno de una familia sij, religión monoteísta originaria de su país, cuyos principios se basan en el amor y el coraje. Su padre, quien apoyó desde pequeño su pasión por el deporte, le hizo un campo de tiro en casa, donde practicó desde muy temprana edad. Con tan solo quince años representó a su país en los juegos de la Commonwealth, allí destacó por su talento y juventud. En la copa mundial de Múnich de 2001 logró un récord en la categoría junior.

Desde ese momento se volvió una promesa para el deporte. Abhinav, con mucho sacrificio y dedicación, cosechó triunfos en varios certámenes, participó en los Juegos Olímpicos de Sídney y Atenas, donde destacó, aunque no logró alcanzar ninguna presea para su país. Sin embargo, esto no lo desilusionó, todo lo contrario: lo motivó a trabajar con más determinación. Al final, logró su meta en las Olimpiadas de Pekín de 2008: ganó una medalla de oro. Aunque participó en Londres 2012 y Río 2016, no alcanzó las calificaciones necesarias para ganar preseas, pero esto jamás lo desanimó.

Después de haber participado en varios campeonatos mundiales donde consiguió los primeros puestos, decidió retirarse para trabajar por el deporte de su país. Ha usado su prestigio para apoyar económicamente a muchos atletas y ha abierto centros de alto rendimiento en varias ciudades de India. Su vida ha inspirado a una nueva generación de deportistas que persiguen el sueño de darle a India más medallas doradas.

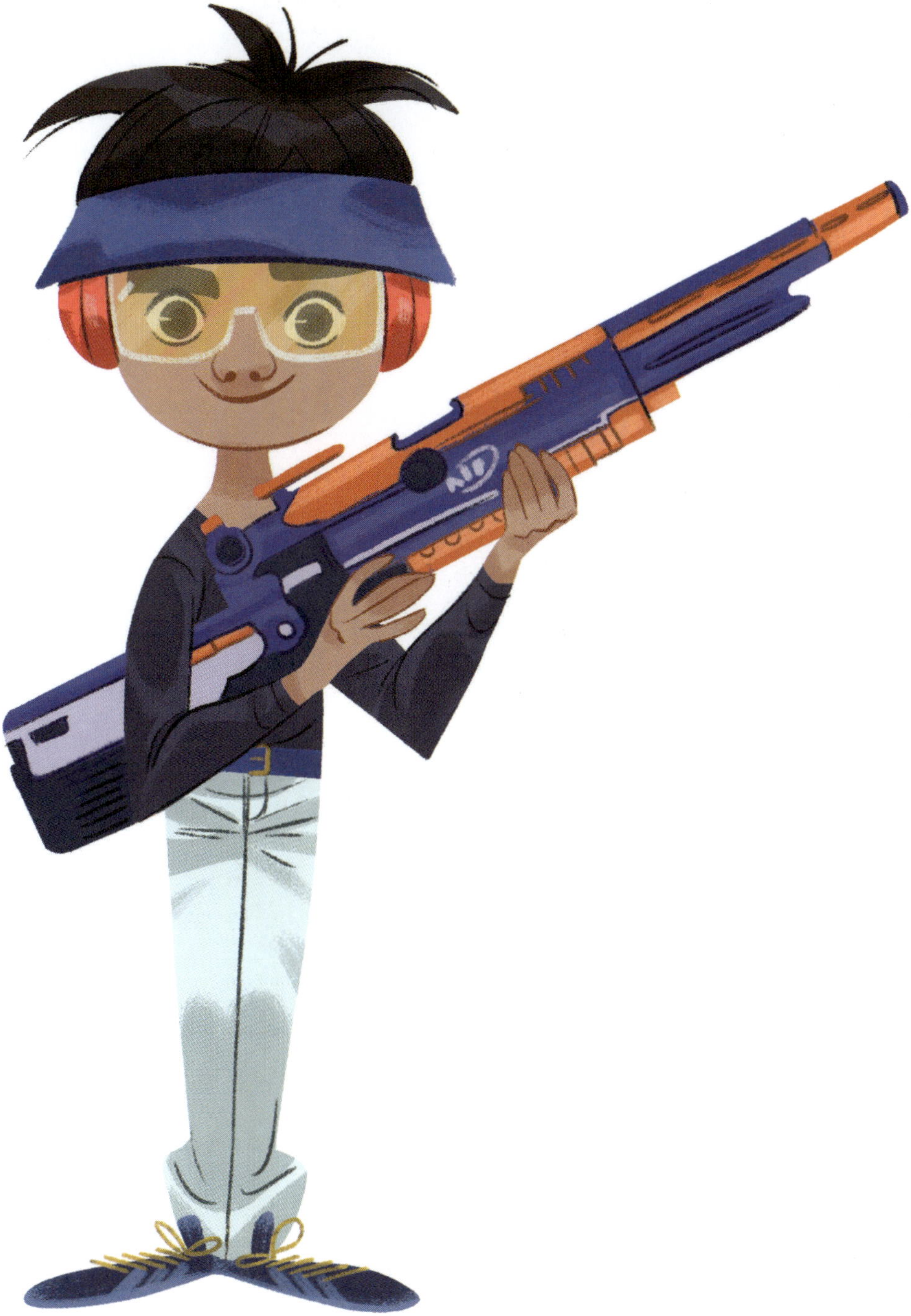

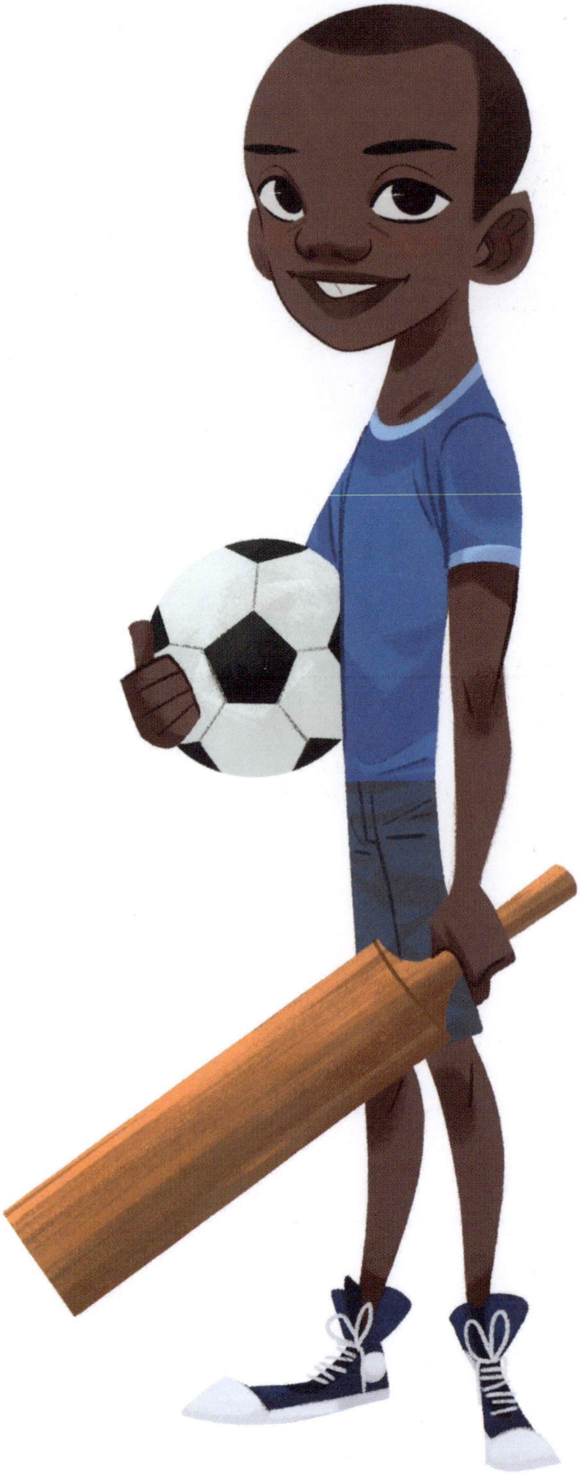

USAIN BOLT

Jamaica

(1986)

Atletismo-Carreras

Hay países que son famosos por ser los mejores del mundo en algún deporte. Por ejemplo: Brasil, en fútbol; India, en críquet, y Nueva Zelanda, en rugby. Jamaica, una isla del Caribe que tiene tan solo 10 992 km², goza de la suerte de producir los más grandes velocistas de todo el planeta. Usain Bolt, el único humano capaz de correr los 100 metros en 9,58 segundos, es uno de ellos.

A Usain, en su niñez, le gustaba jugar críquet y fútbol en una bodega vacía que pertenecía a sus padres, unos modestos tenderos de Sherwood Content. En el colegio se destacó por ganar las carreras que hacía con sus amigos. Un día, un entrenador lo descubrió y lo enfocó en las competencias de 100, 200 y 400 metros planos. Aunque su potencial en esta disciplina era enorme, no tomaba muy en serio su talento. Su carácter siempre ha sido alegre, fiestero y bromista. En una ocasión, mientras competía en juveniles, con el ánimo de burlar a su entrenador, se escondió dentro de la bodega de una camioneta para no participar.

Sin embargo, hubo un fracaso que lo hizo cambiar. A Atenas 2004 llegó con una enorme esperanza de romper algún récord, pero su participación fue pobre. Tuvo que retirarse por una lesión producida por su escoliosis (tiene una pierna ligeramente más larga que la otra) y su ligereza a la hora de entrenar. Tuvo cuatro años para prepararse para la siguiente Olimpiada, Pekín 2008. Aunque recibió ofertas para entrenar en Estados Unidos, se mantuvo fiel a su país e hizo toda su preparación en las humildes instalaciones que ofrecía la isla. Por años, entrenó muy duro para correr una prueba que suele durar unos pocos segundos.

En China comenzó a hacer historia al ganar tres medallas de oro y romper dos marcas mundiales en los 100 y 200 metros. Usain es el único atleta que ha logrado esta hazaña en un mismo evento. Durante la final de los 100 metros planos, cuando faltaba poco para llegar a la meta, liberó el alma de niño que lleva adentro y abrió los brazos con entusiasmo a modo de celebración. Muchos afirman que si no hubiera hecho este gesto, habría bajado más su tiempo, pero a Bolt lo que más le importaba era expresar su felicidad y compartirla con el mundo. Para cerrar con broche de oro esa Olimpiada, ganó con su equipo la carrera de relevos en los 400 metros llanos.

En las siguientes Olimpiadas, Londres y Río, se mantuvo como el rey absoluto de la velocidad repitiendo la misma hazaña y sumando seis medallas de oro a su palmarés. Cuando Usain corre, durante los pocos segundos del trayecto, la humanidad deja de respirar para admirar su capacidad inigualable.

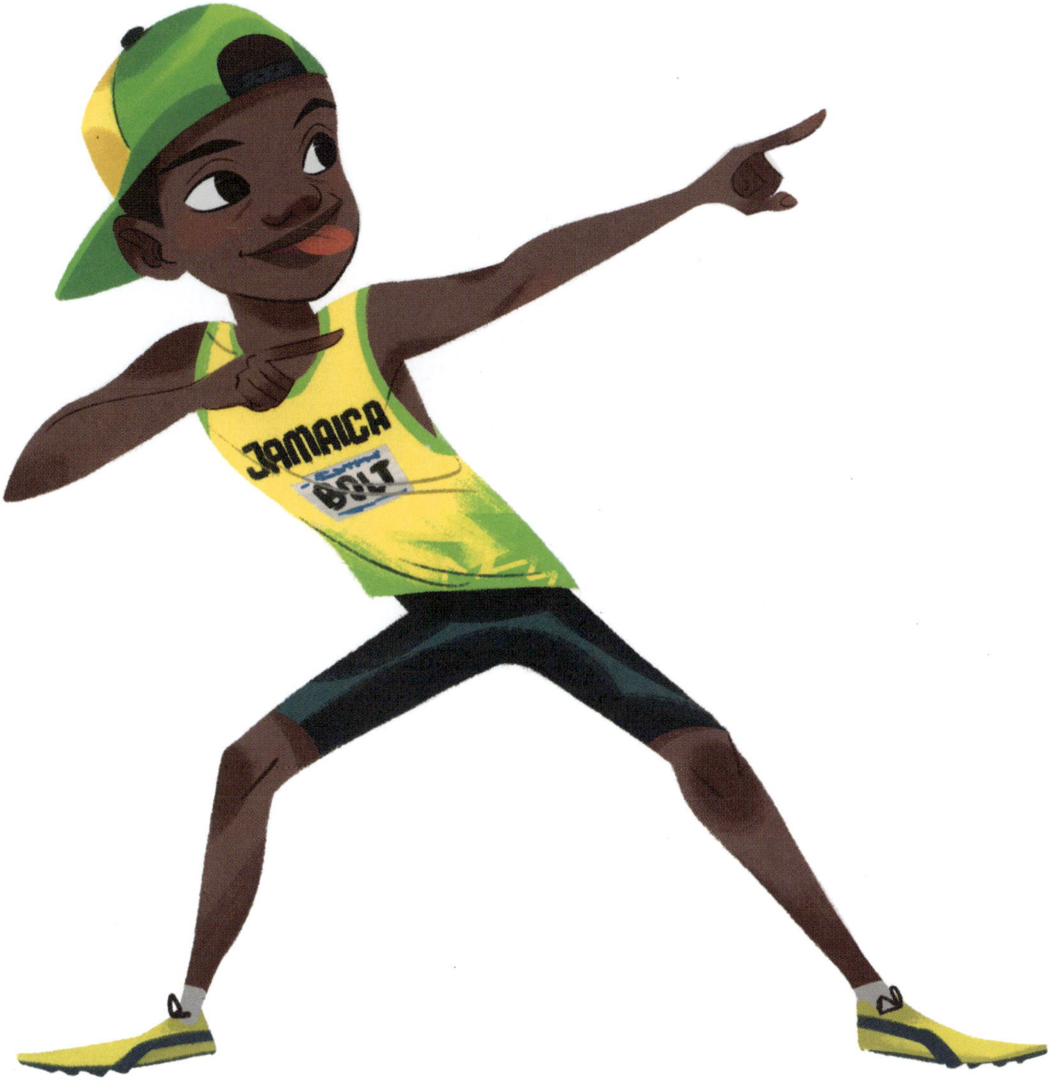
JAMAICA
BOLT

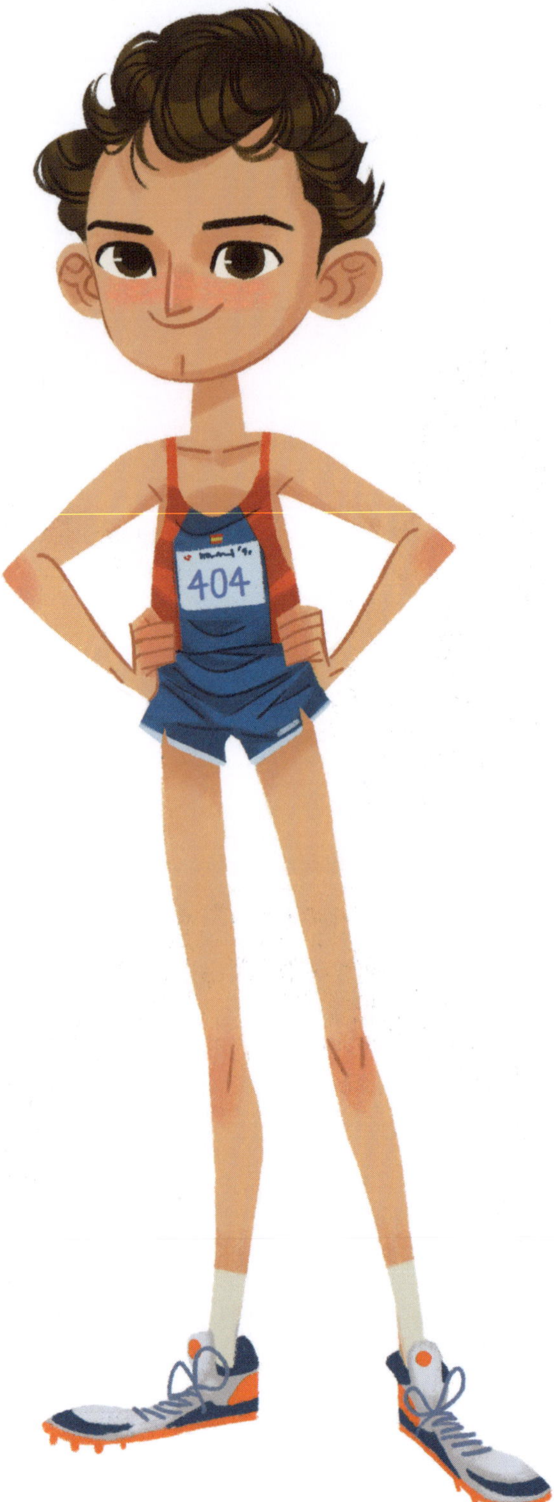
404

FERMÍN CACHO

España

(1969)

ATLETISMO-CARRERAS

Ese día, Fermín se levantó con la certeza de que sería campeón olímpico. Había entrenado duro y, aunque no era el favorito de la competencia, estaba confiado. Había entrenado duro su físico, pero también su mente. Porque el cuerpo es una parte importante, pero no es lo único. Esa carrera, al igual que el resto de las que había corrido en su vida, la ganaría con la cabeza.

Como si se tratara de un juego, porque en el fondo eso son las olimpiadas, Fermín se preparó por muchos años para poder estar ahí y, por supuesto, ganarlas. La noche anterior durmió bien y no pensó siquiera en la prueba. Al siguiente día se levantó renovado, desayunó con sus compañeros de equipo, como era costumbre, y les dijo:

—Me siento bien, hoy seré campeón olímpico.

Luego, como quitándole importancia a lo que acababa de decir, se sentó y empezó a desayunar tranquilamente. Sus amigos no podían creer la confianza con la que hablaba.

Todo el día estuvo pensando y repasando cómo sería la competencia. Contemplaba todos los escenarios posibles y, aun así, tenía la certeza de que sería campeón ese mismo día, por eso iba analizándolo todo. Sentía que sería una carrera muy rápida y que, desde el primer momento, tendría que ir deprisa.

Luego del almuerzo, como si fuese cualquier otro día, tomó la siesta, y solamente se despertó cuando su entrenador entró a su cuarto y le dijo que era el momento de ir a la prueba. Fermín sonrió, pues sabía que estaba a punto de ser campeón.

Cuando empezó la carrera, esta no se desarrolló como él la había recreado en su mente: apenas sonó el disparo inicial, los primeros metros fueron extremadamente lentos, nadie quería arriesgarse. Así que Fermín se adaptó, mantuvo la calma y, como la carrera no mejoraba el ritmo, se dio cuenta de que todo se definiría en los últimos metros. Por eso vio la oportunidad y fue por su medalla de oro, la que sabía que sería suya desde esa mañana.

Avanzó por el primer carril mientras se aseguraba de que nadie lo seguía. Miraba mucho hacia atrás, pero corría hacia adelante. Faltando pocos metros, supo que ya era campeón olímpico y levantó los brazos antes de pasar la línea de meta. Así se consolidó como uno de los deportistas más importantes de España y nos enseñó que, en el deporte y en la vida, lo que diga la mente es más importante que lo que diga el físico.

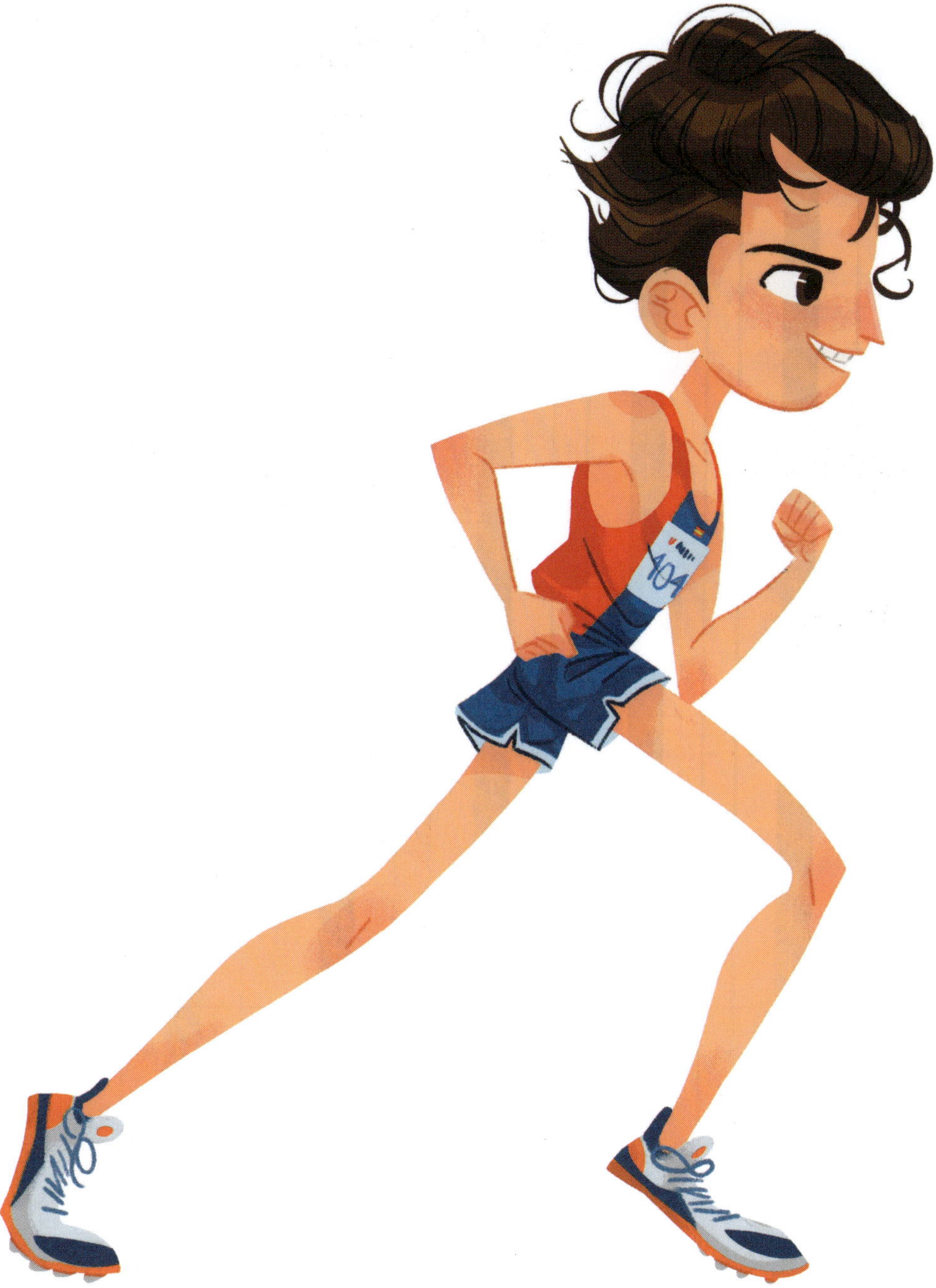

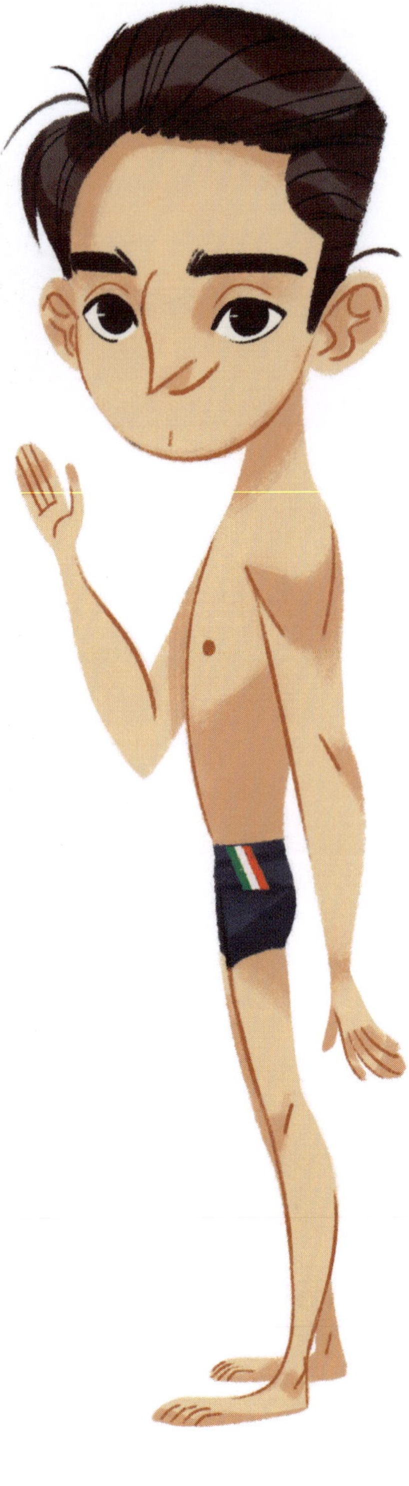

JOAQUÍN CAPILLA

México

(1928-2010)

Clavados

Cuando Joaquín era niño, siempre quiso lanzarse desde los diez metros de altura que separaban la piscina de la plataforma. Un día finalmente le dieron la oportunidad y, corriendo, se puso el vestido de baño y subió hasta allí. Por desgracia, una vez arriba, sintió que estaba a cientos de metros y no fue capaz de saltar. Sigilosamente se bajó y se alejó de la piscina con la intención de no volver jamás.

No pasaron muchos días cuando Mario, su entrenador, lo llamó a su casa y le preguntó por qué no había vuelto. Joaquín fue incapaz de contarle la verdad, pero él lo invitó para enseñarle el arte de los clavados, primero desde un metro, después desde tres, luego de cinco, hasta que, por fin sin miedo, lo intentó desde los diez metros de altura.

Mario intercedió para que lo llevaran a competir internacionalmente a los centroamericanos, ya que los directivos pensaban que no valía la pena desperdiciar un cupo en un muchacho tan joven. Según ellos, no tenía la tenacidad para alcanzar el éxito en una competencia de ese tamaño a su corta edad. Sin embargo, con tan solo diecisiete años, le ganó al campeón de su país y se llevó la medalla de oro en salto de 3 y de 10 metros.

Dos años después, en las Olimpiadas de Londres, Joaquín tenía todo para ganar el oro, pero los nervios y la inexperiencia de estar en la competencia más importante del mundo entero le ganaron la partida. No obstante, alcanzó el bronce en la competencia de salto de 10 metros.

Para los siguientes Juegos Olímpicos, ya era más experimentado y los nervios no lo dominaban como la primera vez; sin embargo, se había dedicado a practicar más vueltas de las que eran oficialmente permitidas para ese momento, lo cual lo confundió y no le permitió ganar el oro. Aun así, su puntaje fue suficiente para hacerlo merecedor de la medalla de plata.

Él sabía que no podía detenerse por nada del mundo sin antes alcanzar la medalla de oro, y fue en los Juegos Olímpicos de Melbourne en donde la consiguió por el salto de 10 metros. Además, se hizo un lugar en el podio ganando también el bronce en el salto de 3 metros.

Joaquín es la única persona de su país que ha ganado cuatro medallas olímpicas, lo que lo convierte en el primero de una larga tradición de clavadistas mexicanos. Sus logros han inspirado a muchos niños y niñas a practicar este deporte.

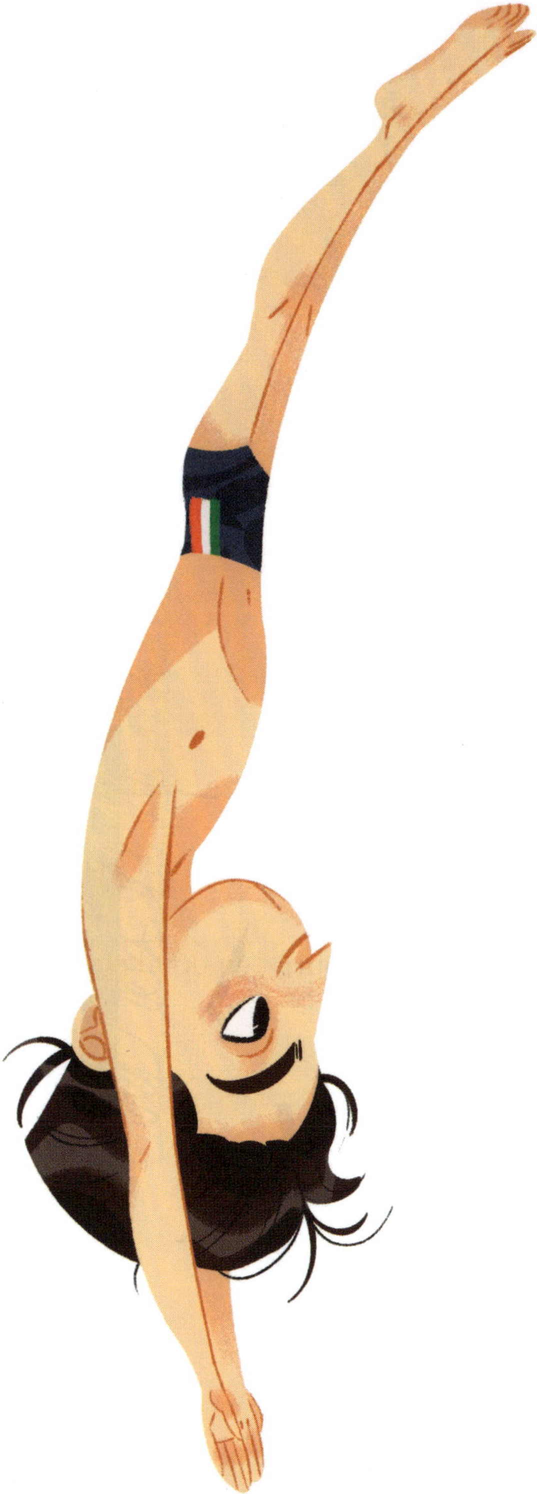

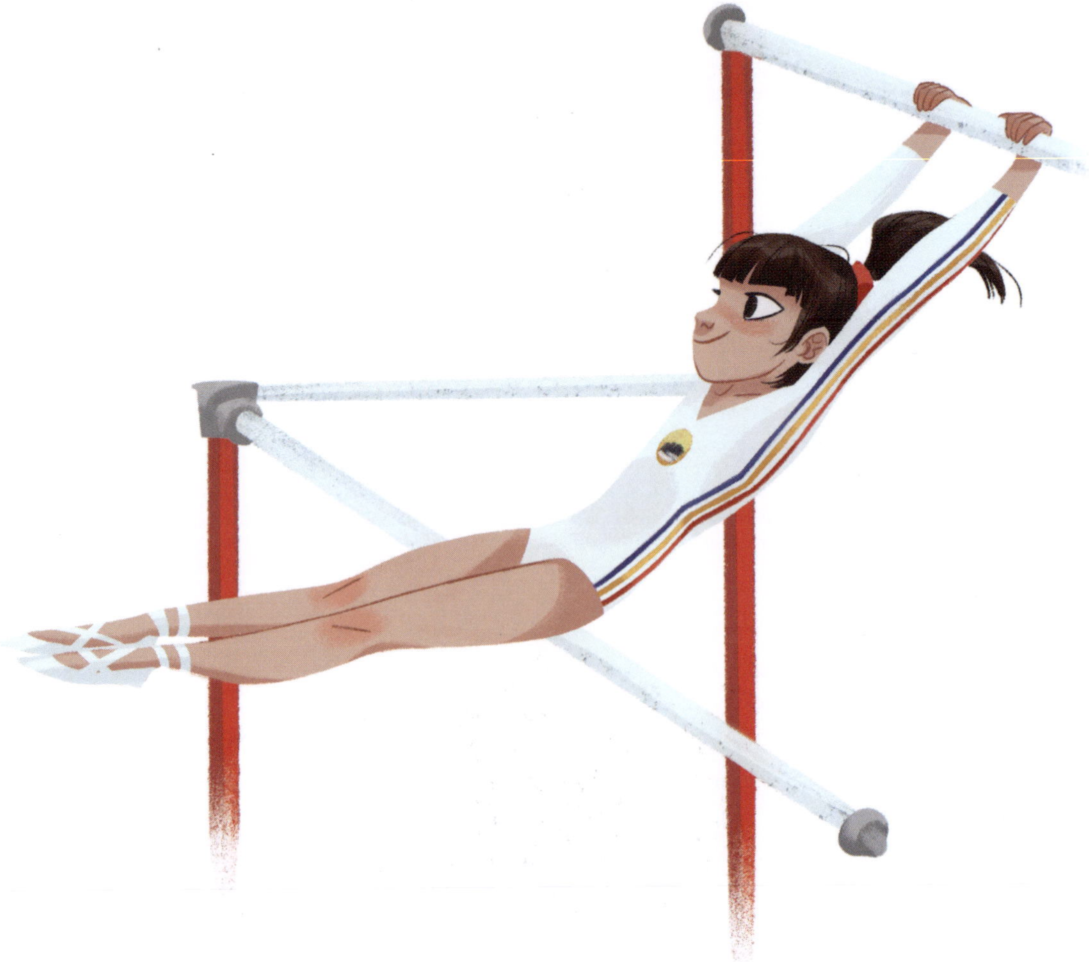

NADIA COMĂNECI
Rumania
(1961)

GIMNASIA

Stefania, la madre de Nadia, creía tener la niña más inquieta de todo el mundo, pero nunca creyó que la pequeña sería una deportista de categoría mundial. Nadia era una niña muy activa: desde que aprendió a caminar, ya quería saltar y correr por todos lados y parecía que su energía no tenía fin.

También era una niña difícil de controlar. No obstante, su mamá era consciente de que ese dinamismo, bien focalizado, podía ser de mucho provecho para la pequeña, quien antes de cumplir cinco años ya había dañado cuatro sofás de tanto saltar de un lado para otro. Nadia no se cansaba con nada. Motivada por la idea de canalizar esa energía, Stefania la inscribió en un equipo de gimnasia, en el cual la niña podría saltar todo lo que quisiera y adquirir algo de disciplina.

Como destacaba en su grupo, el entrenador Béla Károlyi y su esposa decidieron ser sus mentores cuando Nadia tenía apenas seis años. Ellos la consideraban perfecta para el deporte, no solo porque tenía bases sólidas, sino porque no le daba miedo enfrentarse a nuevos retos todos los días.

A los nueve años, gracias al respaldo de su familia y la disciplina que le exigían sus entrenadores, Nadia se convirtió en la gimnasta más joven en ganar el certamen nacional de Rumania, lo que le mereció un reconocimiento internacional y la admiración de muchas niñas de su nación. Así, logró que el mundo prestara atención a este deporte que, hasta ese momento, no resultaba tan popular.

Nadia tenía solamente catorce años cuando compitió en los Juegos Olímpicos de Montreal. Su rutina fue perfecta, el público emocionado le aplaudía de pie. Sin embargo, la calificación que apareció en el reloj decía 1,0. De inmediato, miró consternada a su entrenador. La razón por la cual sucedió esto es porque los fabricantes de los relojes para las olimpiadas creían que nadie podría obtener una calificación perfecta. Lo máximo que alguien podría alcanzar sería 9,99, pero los jurados, al no tener otra manera de demostrar que Nadia había alcanzado una calificación de 10, tuvieron que improvisar.

Esta rumana logró no solo ser la primera persona en la historia en lograr una calificación perfecta, sino que fue la más joven en ganar una medalla olímpica de oro, enseñándonos así que no existe una edad para cumplir nuestros sueños y demostrar que todo es posible si focalizamos toda nuestra energía.

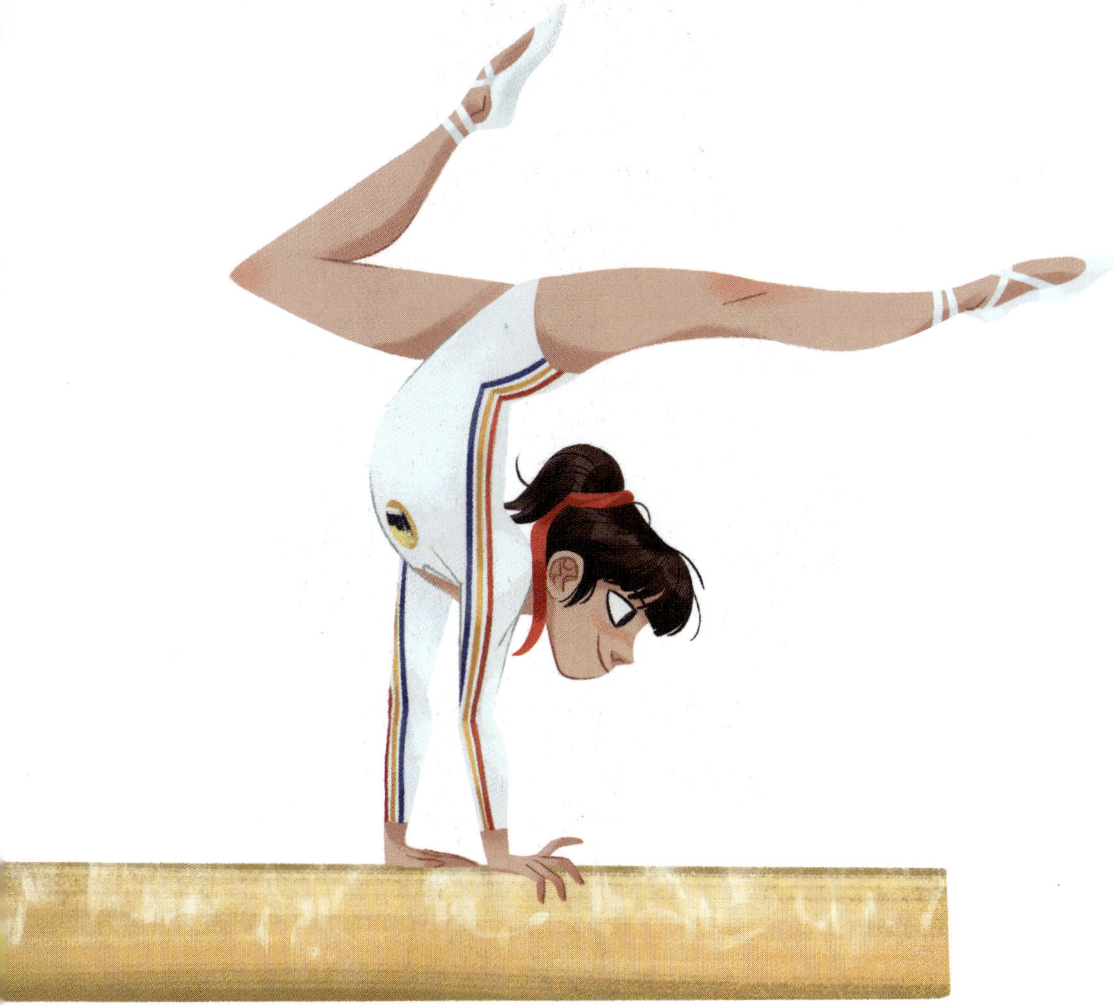

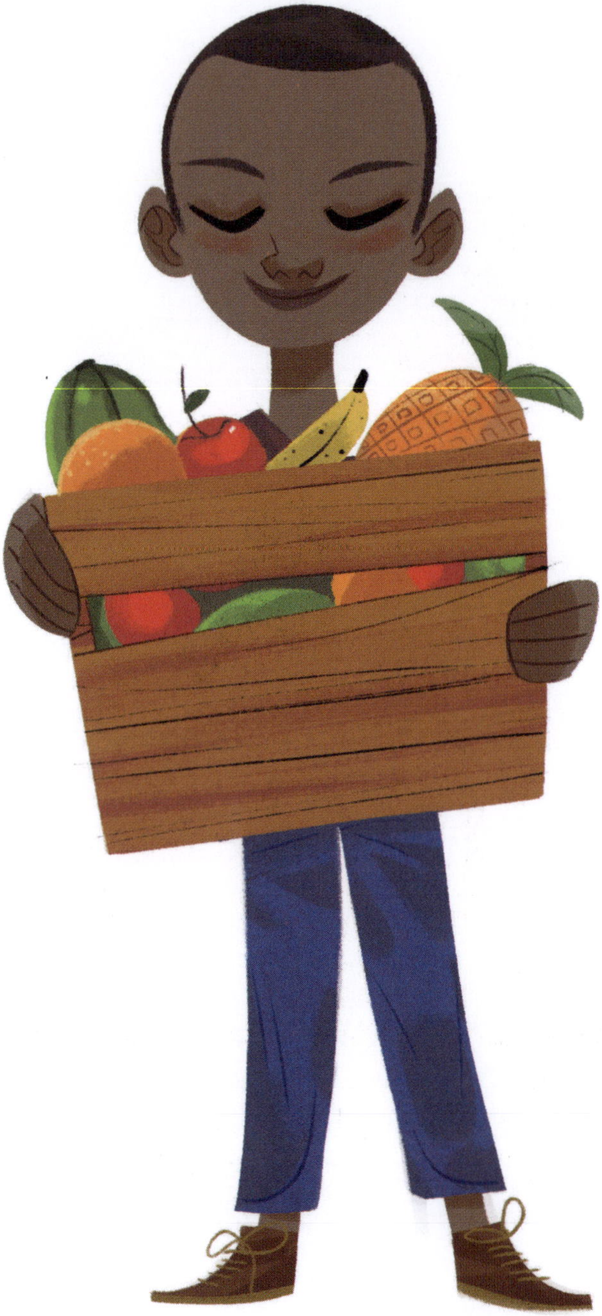

ROBSON CONCEIÇÃO

Brasil
(1988)

Boxeo

Robson creció en un entorno de muchas necesidades bajo la tutela de su abuela y su mamá, ya que su padre estuvo siempre ausente. Tuvo que trabajar desde muy joven como mandadero de plaza de mercado y vendedor callejero de paletas en el estado de Salvador de Bahía. Laboraba todo el día para aportar dinero a su familia y, por la noche, cuando tenía tiempo libre, entrenaba boxeo. Su niñez humilde le enseñó que, por ningún motivo, debemos "tirar la toalla" ni renunciar a nuestros sueños.

Su tío, un famoso peleador callejero, fue su ejemplo. Después de muchos años de duro entrenamiento, Robson logró ganar fama en su ciudad natal como el Terror de Boa Vista. Esto lo llevó a ser convocado a la Selección Brasileña de Boxeo y a cambiar las peleas de barrio por la disciplina que exigía el cuadrilátero. Sin embargo, el camino a la gloria no fue fácil: su primera participación en los Olímpicos, con tan solo diecinueve años, fue un fracaso. Aunque destacaba en el ámbito regional, en los Juegos Olímpicos de Londres 2012, la victoria le fue esquiva.

Sabía que solo superando sus frustraciones podía destacarse en los juegos que serían organizados en su país. En su camino a la final, tuvo que enfrentar, en un duro combate, al boxeador cubano Lázaro Álvarez, quien en 2013 le propinó, durante el campeonato mundial, una de sus peores derrotas. En esta ocasión, el triunfo fue para el bahiano, quien aseguró el paso a la final contra el francés Sofiane Oumiha.

Robson salió a boxear con la certeza de que nadie le iba a quitar el sueño de ser el primer campeón olímpico de boxeo en su país. Animado por los cantos de sus seguidores en el coliseo de Riocentro, controló todos los *rounds* del encuentro y logró propinar un duro golpe contra su rival, al punto de que le hizo perder el equilibrio. En este momento sintió que por fin todos sus sacrificios iban a dar frutos. Fue cuestión de esperar que el reloj marcara la campanada final para que Robson Conceição vistiera, con el orgullo de quien jamás renuncia a sus sueños, su medalla dorada.

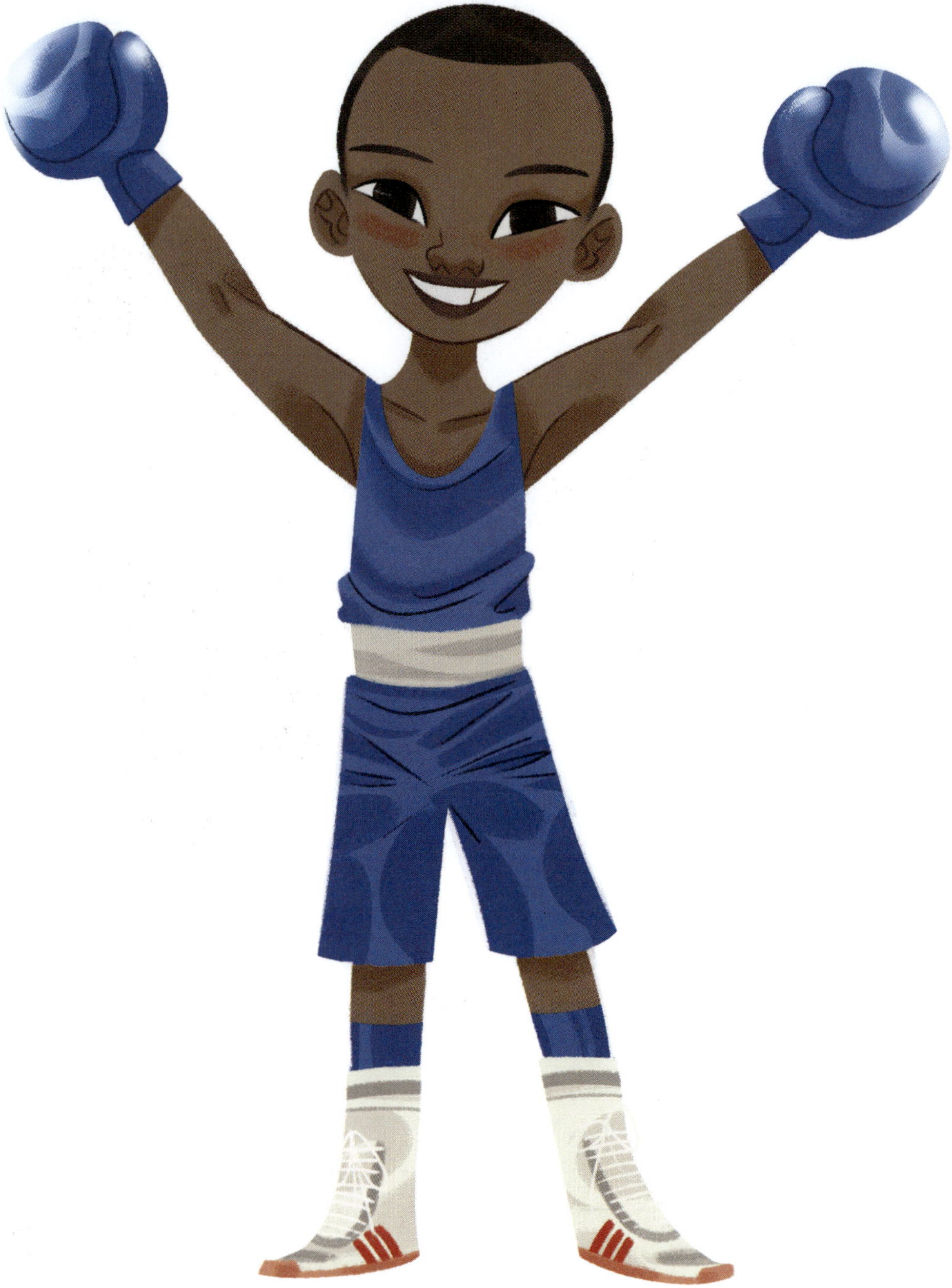

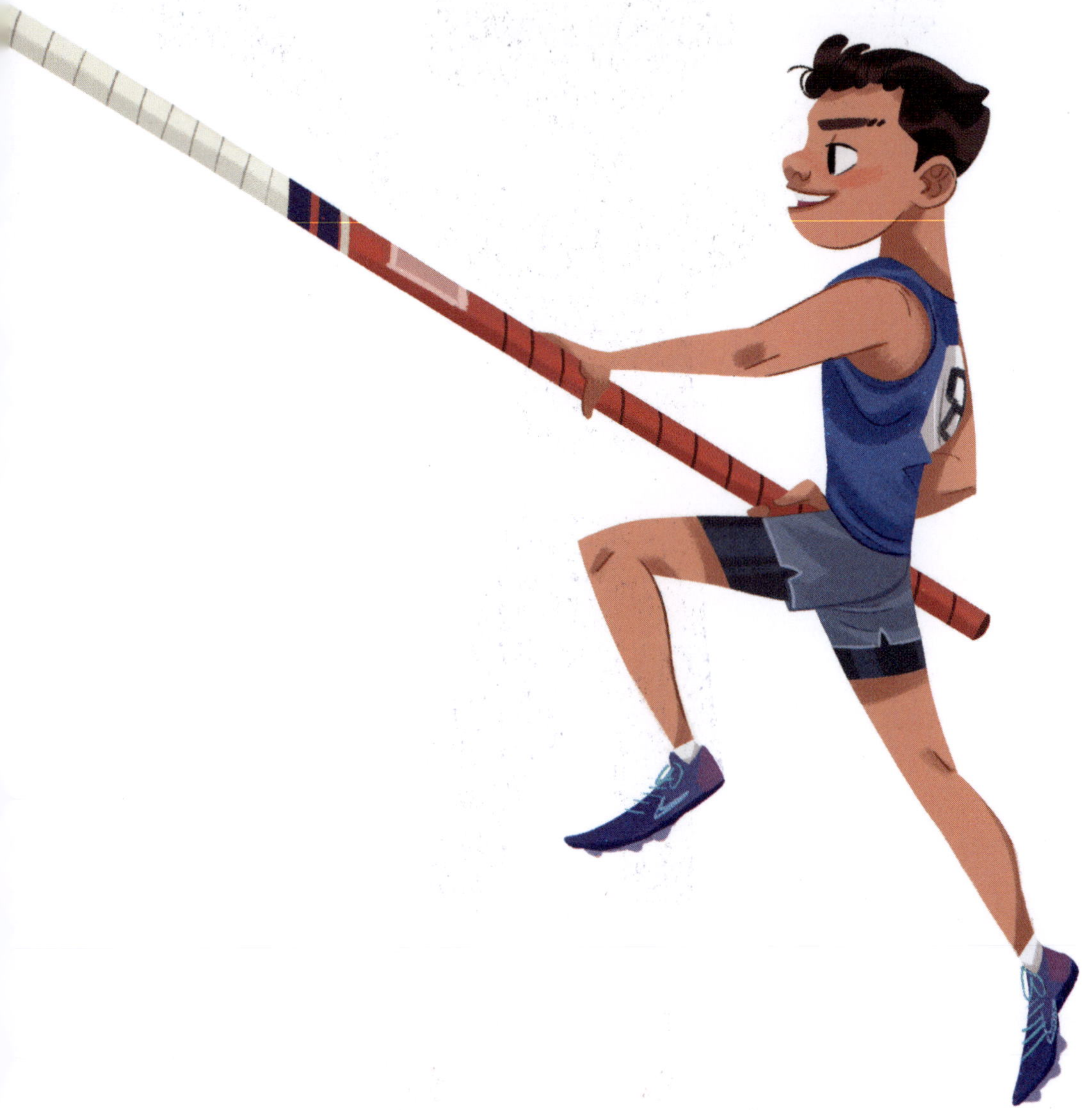

THIAGO BRAZ DA SILVA

Brasil

(1993)

Atletismo-Salto con garrocha

Cuando Thiago era un niño fue abandonado por su madre. Sus abuelos cuentan que él la esperó pacientemente por varios días, hasta que entendío que jamás volvería. Convirtió esta experiencia en el motor para desarrollar su pasión: volar. Invertía gran parte del dinero que conseguía en aviones a control remoto. De hecho, hubiera sido piloto si no hubiera sido saltador con garrocha.

Se inició en este deporte gracias a su tío Fabio Braz, quien era un decatleta. Aunque jugó baloncesto en una época de su vida, al final se dedicó exclusivamente al atletismo. A los quince años comenzó a entrenar con Élson Miranda de Souza, esposo de la campeona mundial de salto con garrocha, Fabiana Murer, quien descubrió que Thiago tenía un enorme potencial para esta disciplina. Con tan solo dieciséis años participó en los Juegos Olímpicos de la Juventud en Singapur y ganó la medalla de plata.

Cuando empezó a sobresalir en varios torneos internacionales, tuvo la oportunidad de conocer al más grande garrochista de todos los tiempos: el ucraniano Sergei Bubka, actual poseedor del récord mundial (6,15 metros). Sergei lo animó a seguir con su trabajo deportivo. Pese a la enorme motivación que tenía, debió enfrentar varios tropiezos contra atletas de más talla, y su participación no fue destacada en los mundiales de atletismo de Moscú y Pekín.

Para Río 2016 mantuvo un estricto entrenamiento en Italia. Sabía que debía regresar a su país con, al menos, una medalla.

La final masculina de salto con garrocha tuvo lugar el 15 de agosto, un día lluvioso con un público que lo alentaba con fuerza. Thiago no la tenía nada fácil: debía enfrentar al francés Renaud Lavillenie, quien en ese momento era el campeón olímpico. El galo logró saltar 5,93 metros, pero Thiago consiguió igualarlo en su quinto intento. Por el empate, Lavillenie saltó de nuevo y logró una marca de 5,98 metros. Thiago, ya con la medalla de plata asegurada, se arriesgó a saltar 6,03 metros, lo cual significó diez centímetros más de su mejor registro personal. Contra todas las apuestas, impuso un récord olímpico. Todo el estadio celebró con música y alegría su presea de oro. Brasil tenía un nuevo héroe dorado.

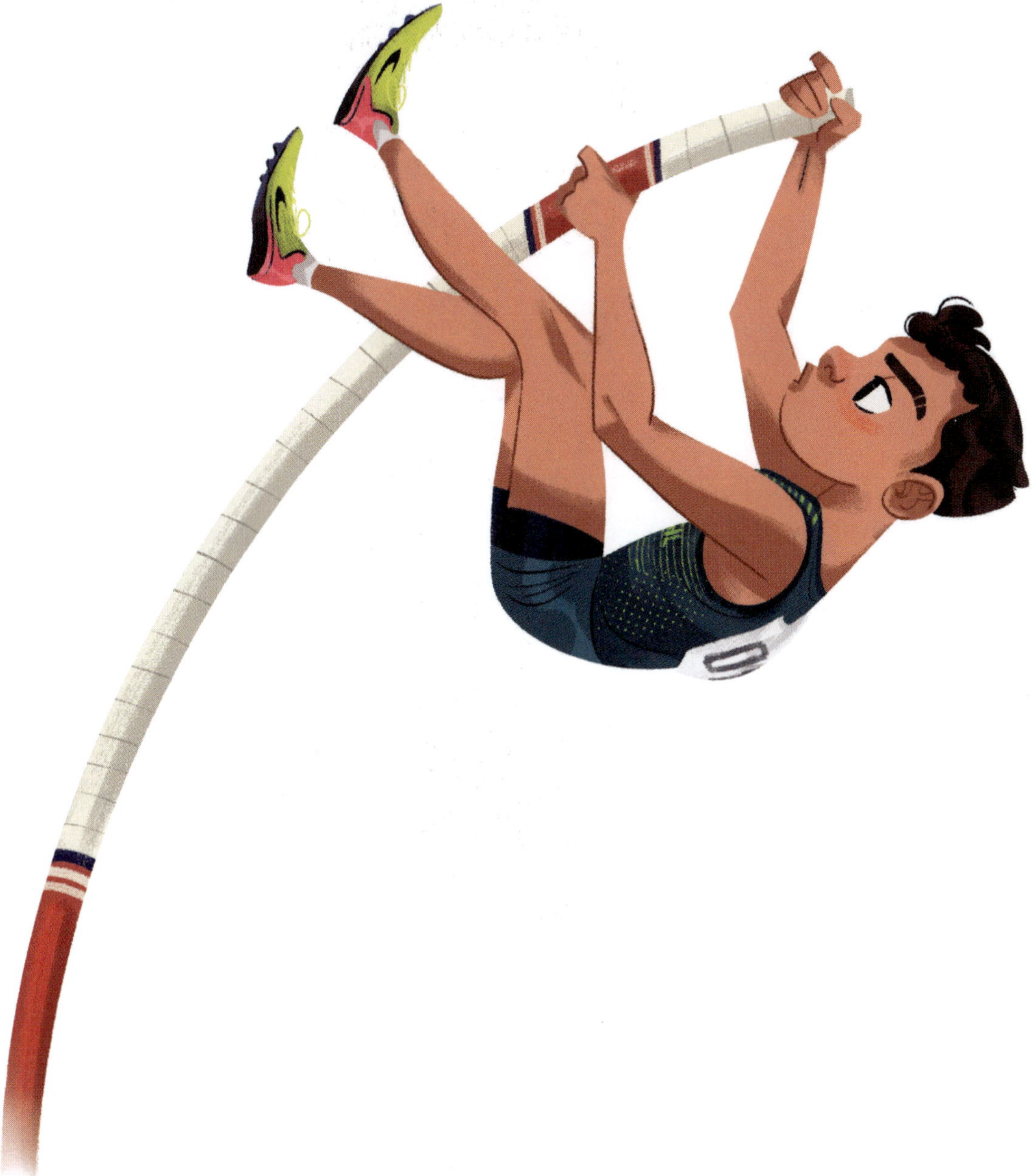

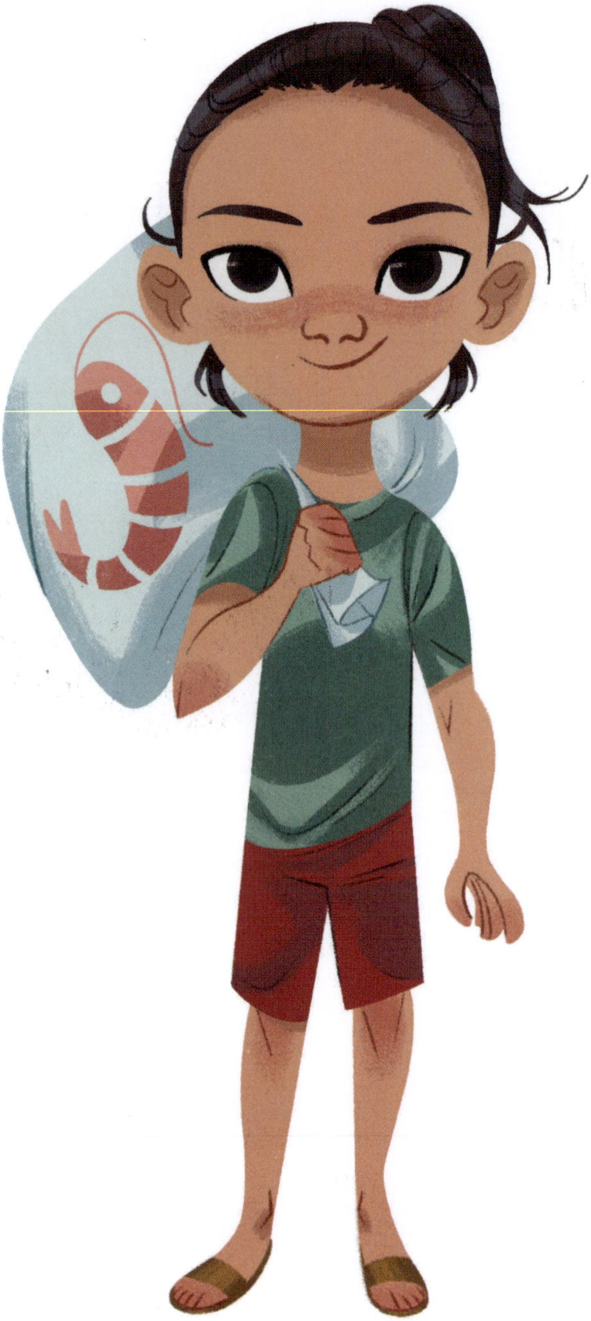

MARÍA DEL ROSARIO ESPINOZA

México
(1987)

Taekwondo

María del Rosario creció en La Brecha (Sinaloa). Hija de un pescador y una madre vendedora de panes, aprendió desde muy pequeña que todo en la vida es cuestión de trabajo duro. Se interesó por el deporte desde niña y, aunque al principio intentó con el boxeo, fue con el taekwondo con el que firmó un compromiso de por vida. Su familia, pese a ser humilde, la apoyó con la compra de los equipos y uniformes necesarios para la práctica de este arte marcial. Chayito, como sus amigos la llaman, valoró mucho esta oportunidad y jamás faltó a un solo entrenamiento. Aunque la academia quedaba a cincuenta kilómetros de distancia desde su casa, se las arreglaba siempre para ir como polizona en los buses cuando salía del colegio.

A los diez años, empezó a entrenar con hombres y sobresalió por su potencia y velocidad en las piernas. De su abuela heredó unos pies muy grandes que le ayudaban a la hora de marcar puntos. Por esos años, con el fin de mejorar su condición física, practicó atletismo y concursaba en cuanto evento deportivo existía. Su carrera la hizo ausentarse cada vez más de su hogar, pero ella siempre regresaba con la satisfacción de haber puesto todo el corazón en el tatami.

Por su alto rendimiento, fue llevada a entrenar a San Luis Potosí para formar parte del equipo mexicano. En 2007, se destacó en varios torneos nacionales e internacionales y ganó la medalla de oro panamericana y el campeonato mundial. De regreso a La Brecha, los paisanos que la vieron crecer la recibieron como una heroína. Ese día, en señal de respeto y agradecimiento por sus orígenes, le puso su presea mundialista a su abuelita.

En Pekín 2008 tuvo su primera participación olímpica y logró conquistar el oro, siendo la segunda mujer de su país en alcanzarlo. Luego participó en Londres y conquistó el bronce, y en Río, la presea de plata.

Su registro personal de haber sido número uno en los juegos olímpicos, el mundial, los panamericanos y los centroamericanos aún no ha podido ser superado. Maria del Rosario aún recuerda sus origenes y los celebra y enaltece. Ese es su mayor orgullo.

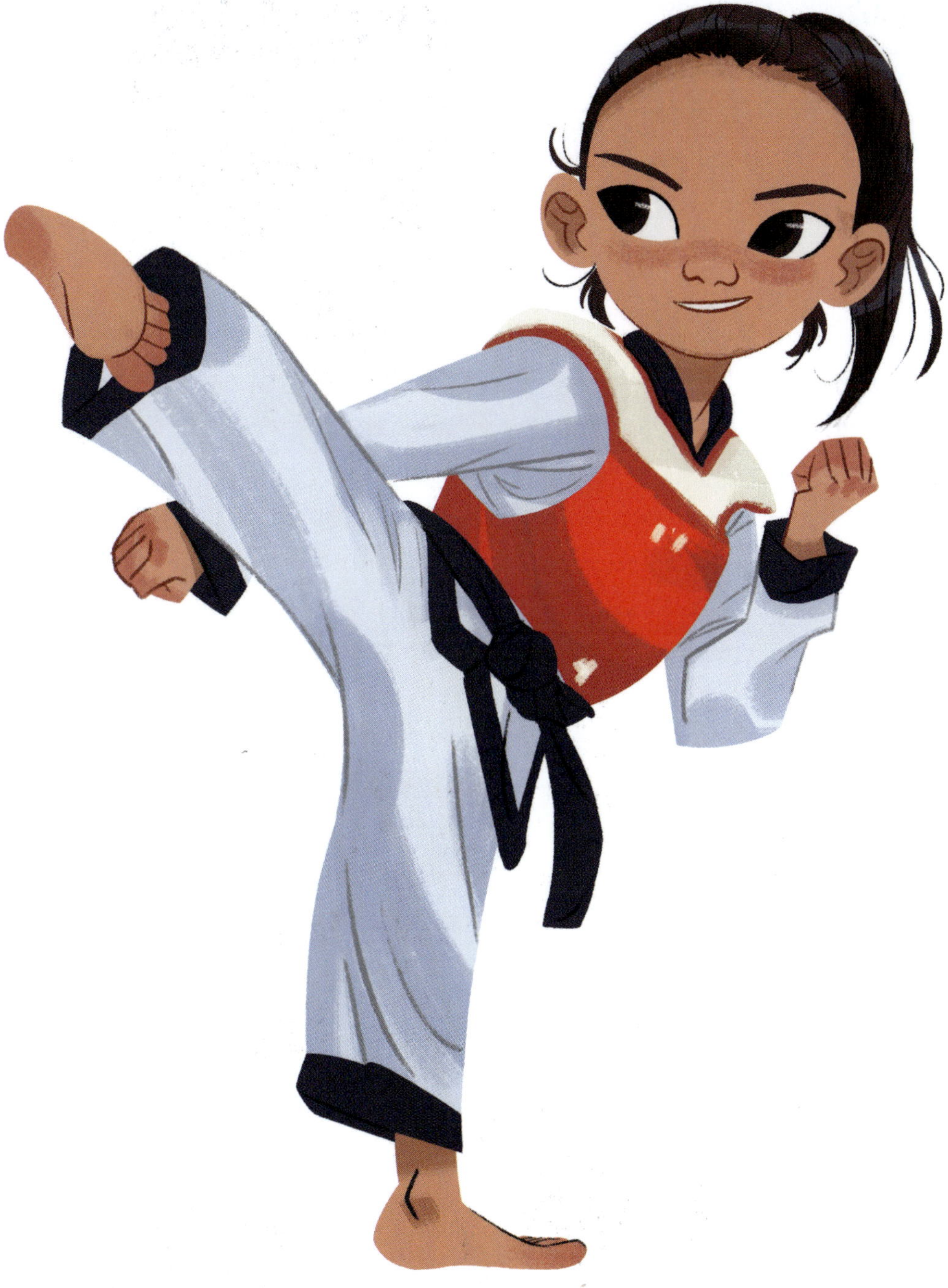

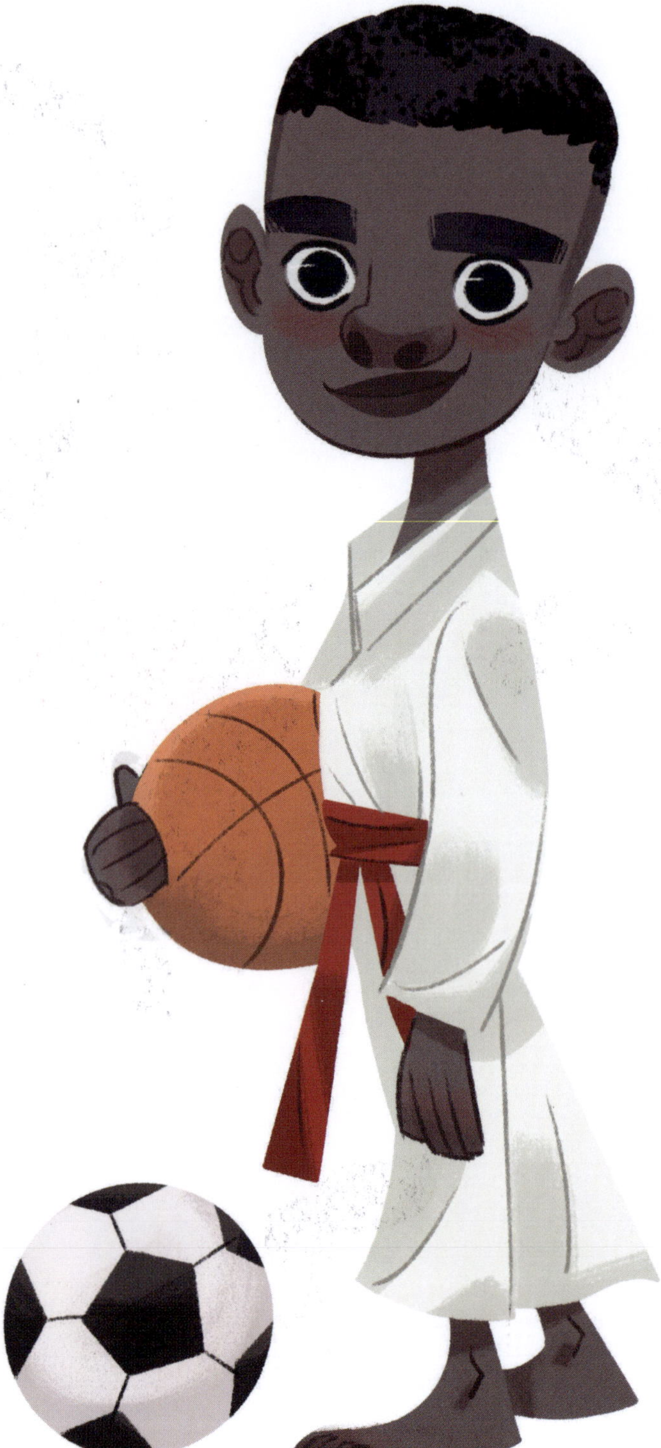

ÓSCAR FIGUEROA

Colombia
(1983)

Halterofilia

~~~~~~

A los diez años, Óscar vio cosas que ningún niño de su edad debería ver: la barbarie de la guerra, la cual fue inclemente en el municipio de Zaragoza, Antioquia, el sitio donde nació y creció. Sin embargo, la violencia que se vivía allí no le afectaba tanto como la que veía en su propia casa. Su padre, quien era adicto al alcohol, era una persona muy fuerte con todos sus hijos y con su esposa, a quien maltrataba verbal y físicamente.

Óscar tenía claro que estaba en sus manos escapar de esa situación, por eso ideó un plan para sacar a su madre y hermanos de semejante calvario y reubicarlos en otro municipio llamado Apartadó.

Fueron momentos difíciles: apenas podían desayunar y cenar un vaso de agua con azúcar y repartir un pequeño pan entre todos. Óscar quería cambiar el destino de su familia, por eso trabajaba en jardinería hasta que le explotaban ampollas en las manos. Aun así, el salario era tan bajo que no les alcanzaba. Así intuyó que el deporte, sin importar cual fuera, podría ser la salvación. Primero intentó con el karate, luego con el baloncesto e incluso con el fútbol, pero aunque era bueno, no era el mejor.

Fue entonces cuando el entrenador del equipo de fútbol le recomendó que se iniciara en el levantamiento de pesas, pues su contextura física era perfecta para esto. Así lo confirmó su primera entrenadora. Una fundación vio su potencial y lo apoyó en su formación.

Desde ese momento empezaron los campeonatos, los triunfos y los reconocimientos, pero también los tropiezos, las dolencias e incluso las discordias. Sin embargo, su meta era clara: iría a los juegos olímpicos y traería consigo una medalla de oro.

En Atenas 2004 lo intentó, pero quedó de quinto en la calificación general. En Pekín 2008 abandonó la competencia a causa de una hernia que le impidió levantar la barra del piso. En 2012 batió un record mundial, pero no alcanzó a ganar la medalla.

En 2016, despues de años de esfuerzo y dedicación, dejó en alto el nombre de Colombia al ganar la medalla de oro. Pero su legado va mucho más allá de la presea, pues su vida es una enseñanza sobre compromiso, disciplina, amor a la familia y superación de adversidades.

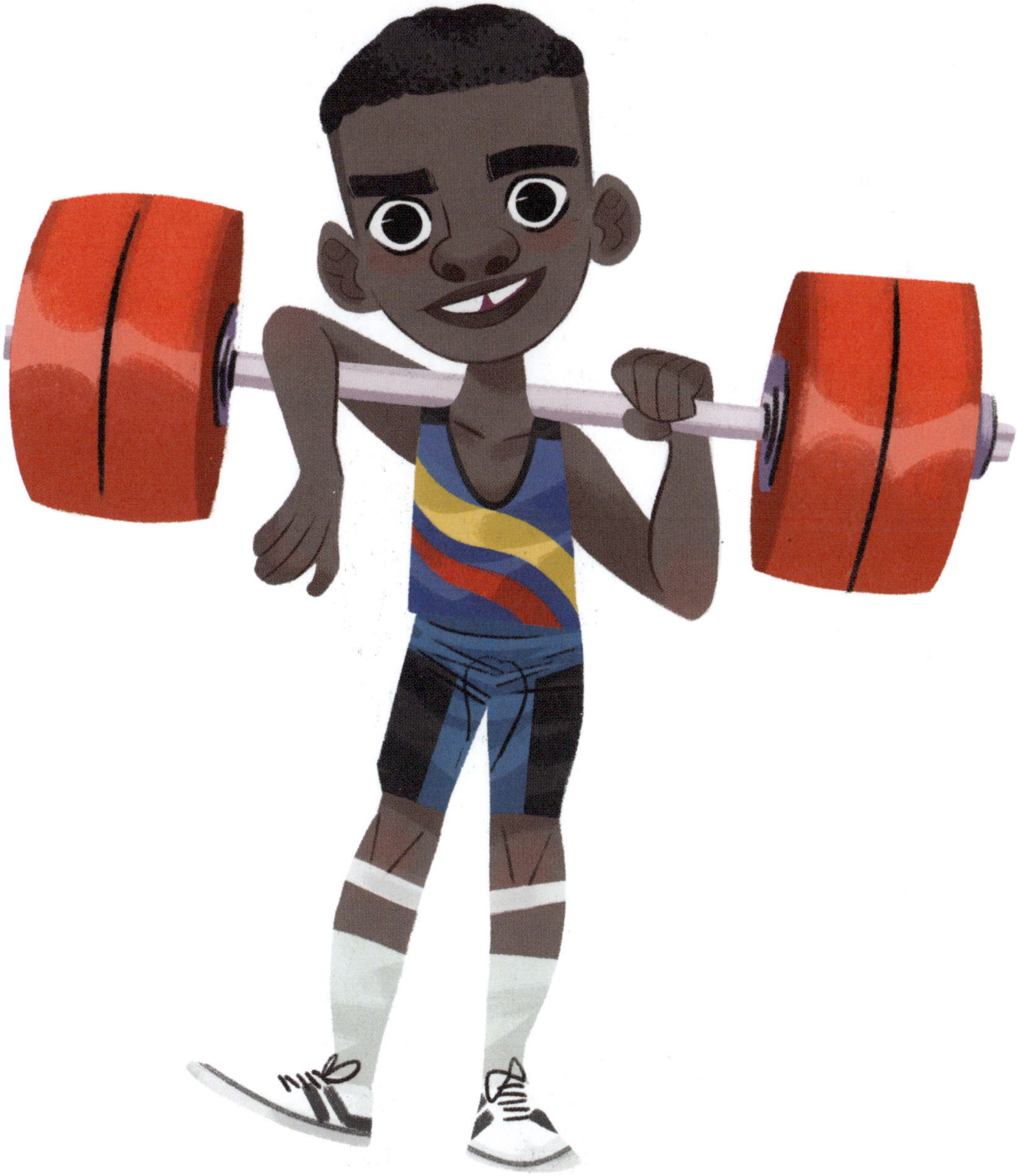

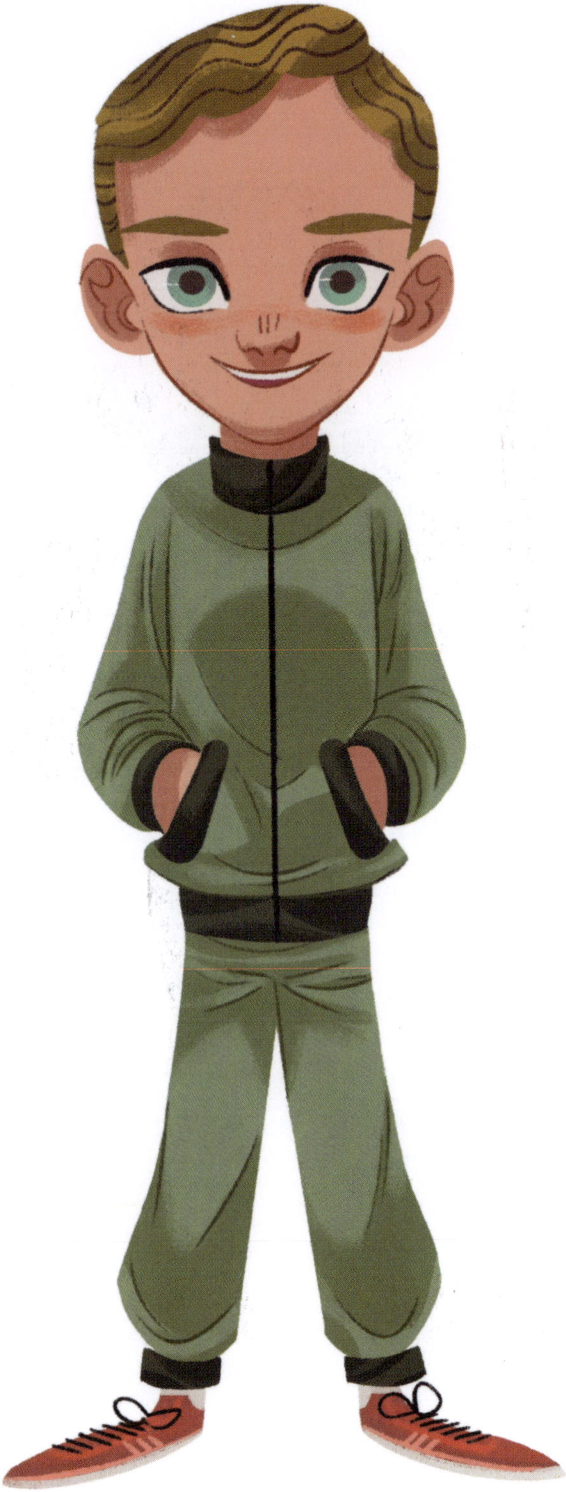

RICHARD FOSBURY
Estados Unidos
(1947)

ATLETISMO - SALTO DE ALTURA

Richard, más conocido como Dick, cambió la historia del salto de altura, no precisamente porque fuera el mejor, tuviera un estado físico perfecto o porque fuera quien más títulos o reconocimientos hubiera ganado en esta disciplina, de hecho muchos considerarían que fue todo lo contrario.

Cuando tenía apenas dieciséis años empezó a practicar el salto de altura; sin embargo, las técnicas conocidas hasta el momento le parecían muy complicadas, por lo que empezó a estudiar cómo sería la manera más efectiva de realizar el salto aplicando un poco de ingeniería. Dick descubrió que si realizaba el salto de espaldas y pasando primero la cabeza antes que los pies, el centro de gravedad que estaba en el centro de la espalda nunca tocaría la vara, entonces empezó a practicar el salto alto con su nueva técnica.

Por esto ganó muchos enemigos, que lo criticaban por saltar de esta forma tan poco convencional, e incluso aseguraban que su estrategia jamás sería replicada por nadie. Cuando entró a Ingeniería en la universidad,

Dick destacó una vez más con su estilo, y esto lo hizo ganar un cupo para que representara a su país en los Juegos Olímpicos de 1968 en México.

Al ver sus primeros saltos, todos se burlaron. Ya que nadie había visto algo parecido antes, lo consideraban un loco excéntrico. También la prensa habló mal de él e incluso creyeron que quedaría en completo ridículo.

Dick, al no sentirse apoyado, se aisló un poco de todos y ni siquiera quiso asistir al acto inaugural. En cambio, prefirió ir a conocer las pirámides en una camioneta y pasar la noche bajo las estrellas. Sabía que no era el mejor atleta y que su técnica no era bien aceptada, pero, aun así, se propuso dar lo mejor de él. Por eso la sorpresa de todos fue tremenda cuando lo vieron tener el mejor salto que habían visto en esas olimpiadas, el cual lo hizo merecedor de la medalla de oro.

Poco a poco, los deportistas de salto alto fueron adoptando su método, al cual se le conoce como "Salto estilo Fosbury". Hoy en día es prácticamente la única técnica que se usa en este deporte olímpico.

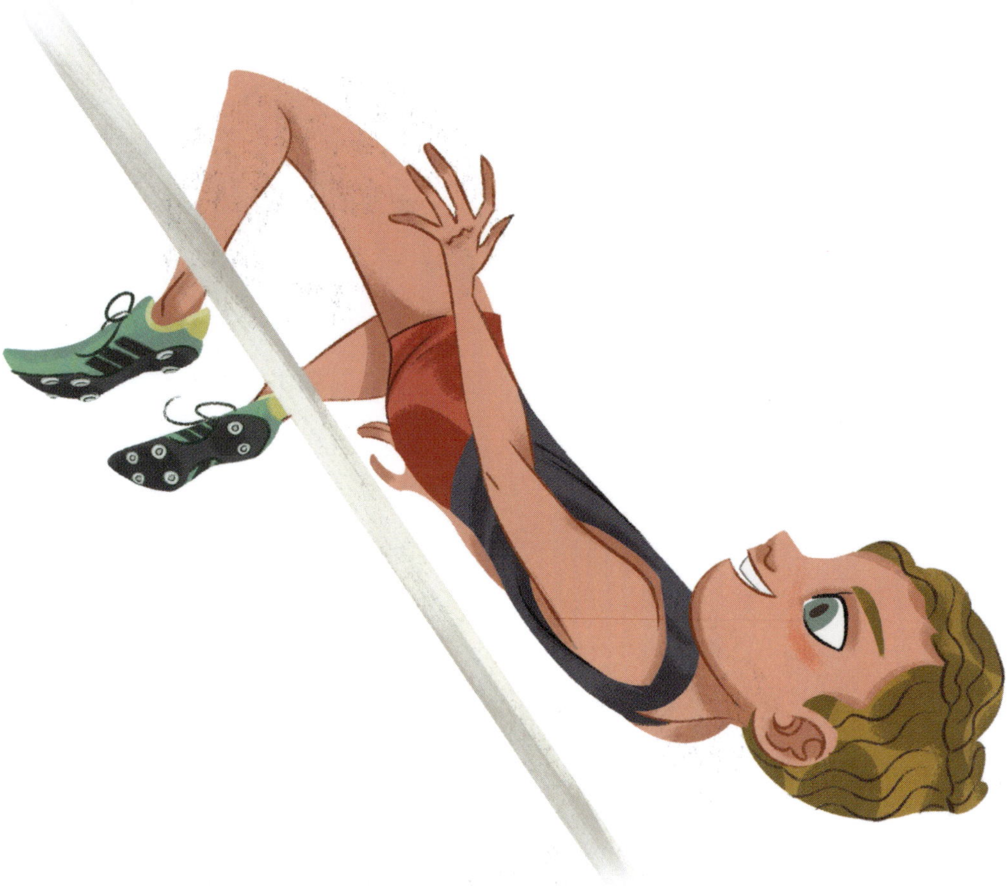

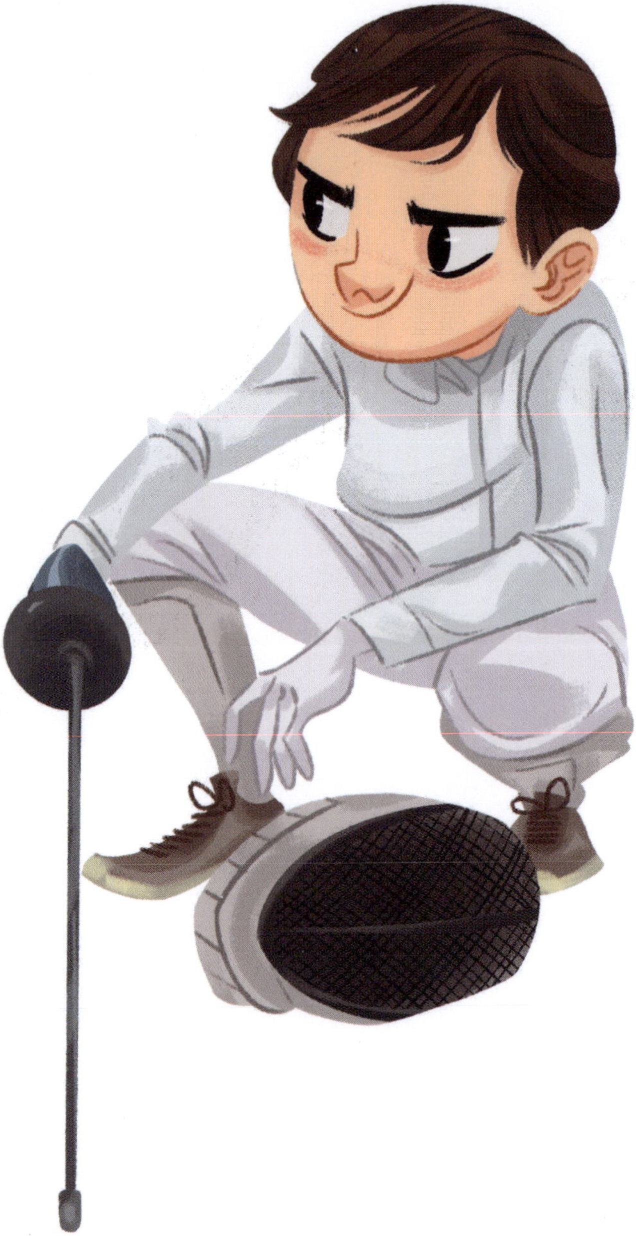

IMRE GEDŐVÁRI

Hungría
(1951-2014)

Esgrima

Hay un instante en la vida de las personas en que todo puede cambiar por completo. Imre vivió este momento en 1988, cuando disputó la pelea final de esgrima por equipos en los Juegos Olímpicos de Seúl.

En la modalidad de esgrima por equipos de ese año, cincuenta y tres esgrimistas de once naciones se disputaban la medalla de oro. El equipo de Imre fue ganando puntos hasta llegar a la final contra el equipo ruso, que era, sin lugar a dudas, el favorito. Pero el sueño parecía próximo a desvanecerse, ya que la puntuación se puso a favor de los rusos 8 a 4, y solamente quedaban cuatro combates. En otras palabras, el equipo húngaro tenía que ganar todas las peleas.

Entonces, Imre reunió a sus compañeros y les transmitió serenidad. La voz de su experiencia les devolvió la confianza que necesitaban.

El primer combate se llevó a cabo y, para la sorpresa de todos, el compañero de Imre logró la victoria sobre los rusos. En el segundo combate, aunque un poco más apretado, el equipo húngaro volvió a imponerse. La esperanza aún vivía, quizá podría suceder un milagro.

Efectivamente, el tercer combate también lo ganó el equipo de Imre. Sus consejos de serenidad y de concentración habían dado frutos. Ahora era su responsabilidad darles el triunfo final.

Todas las miradas del mundo se posaron sobre él en ese momento. No pasaron muchos segundos para que la alegría y la esperanza se desvanecieran por completo. Era evidente que todo estaba perdido: el esgrimista ruso se había interpuesto sobre Imre 4 a 1.

Sin embargo, en ese instante decisivo, puso en práctica los consejos que antes les había dado a sus compañeros. Su estrategia no solo consistió en evitar que su contrincante ganara más puntos, sino en igualarlo, por imposible que esto pareciese. Así, fue ganando espacio en la pelea: 4 a 2, 4 a 3, el empate 4 a 4. Y finalmente, 5 a 4. Nadie daba nada por el equipo húngaro cuando iban perdiendo, pero en ese momento, gracias a Imre Gedővári, todos celebraron la medalla de oro como si fuera propia.

Antes había ganado otras medallas olímpicas, pero esta tuvo una mayor importancia en su vida, pues demostró sus habilidades como deportista y como líder.

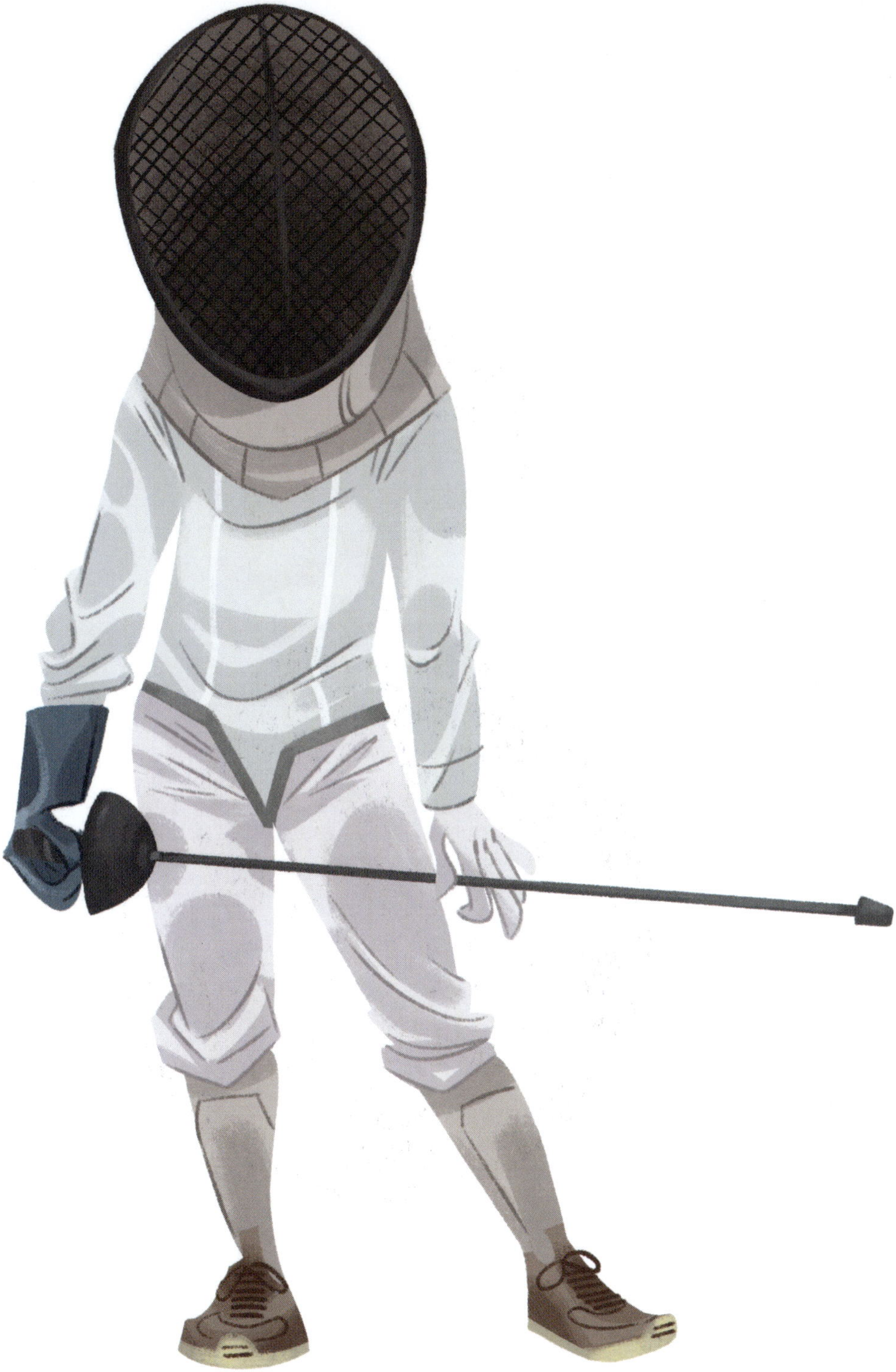

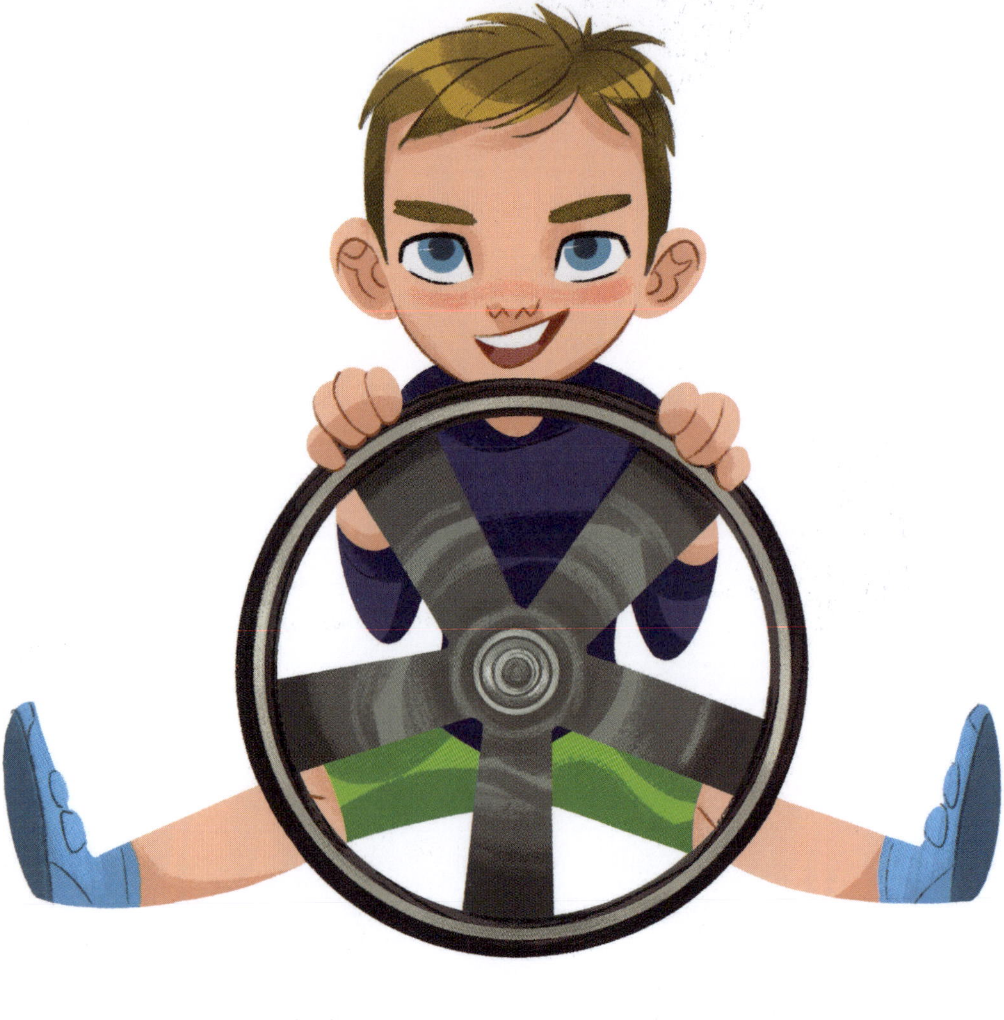

CHRIS HOY

Reino Unido
(1976)

Ciclismo de pista

Son muchas las razones por las que un niño quiere montar en bicicleta. Algunos lo hacen porque sus primos y hermanos mayores lo hacen, otros porque es la manera más fácil y rápida de llegar al colegio. Pero la razón de Chris es única. Luego de ver *E.T.*, una famosa película de los años ochenta del director Steven Spielberg, en cuya última escena aparecen unos niños en sus bicicletas BMX intentando escapar con el pequeño extraterrestre, Chris supo que quería montar una bicicleta como esas.

Su padre, quien siempre fue un apoyo incondicional, le compró una bicicleta vieja a un vecino y le puso una calcomanía que decía BMX. Chris la amó como si se tratara de la que había salido originalmente en la película y empezó a montarla en el jardín improvisando rampas con tablas y ladrillos.

Una vez sintió la adrenalina que le brindaba esta actividad, ya nunca más quiso abandonar el deporte y, aunque para ese entonces él no era el niño revelación ni el que más carreras ganaba, sí aprendió una lección sumamente importante: cuanto más entrenaba y se preparaba para una competencia, mejor le iba. No se trataba de *haber nacido* para ser el deportista más destacado, sino de trabajar todos los días para *ser* el mejor.

Pronto, hizo el salto de la BMX a la bicicleta de ruta y así nació su sueño de ganar una medalla olímpica de oro. Su tenacidad y dedicación lo fueron acercando a esa meta, pues ganó, junto a su equipo, la medalla de plata en los Juegos Olímpicos de Sídney 2000.

En 2004, cuando compitió en Atenas en la contrarreloj de 1 kilómetro en pista, tenía toda la actitud de ganar; sin embargo, sucedió algo que no es común: tres competidores batieron el récord antes de que fuera su turno. Esto significaba que ahora él tenía que superar la marca una vez más si quería obtener el primer lugar. Contra todos los pronósticos, lo logró. A partir de ese momento, no paró de ganar en cada olimpiada a la que se presentó.

Muchas han sido las victorias que Chris ha obtenido, pero mucho más importante fue saber que debía hablarles a los deportistas más jóvenes para que creyeran que todo era posible. Gracias a sus charlas, muchos niños y niñas se convirtieron también en medallistas olímpicos, deportistas de nivel o siguieron sus sueños para ser siempre la mejor versión de ellos mismos.

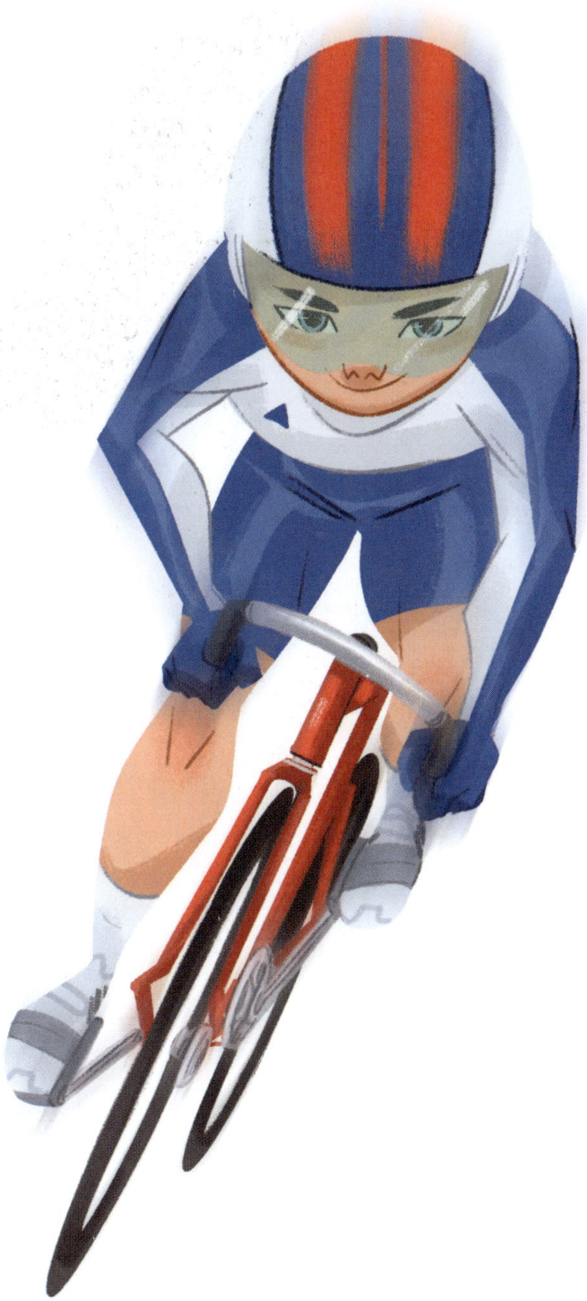

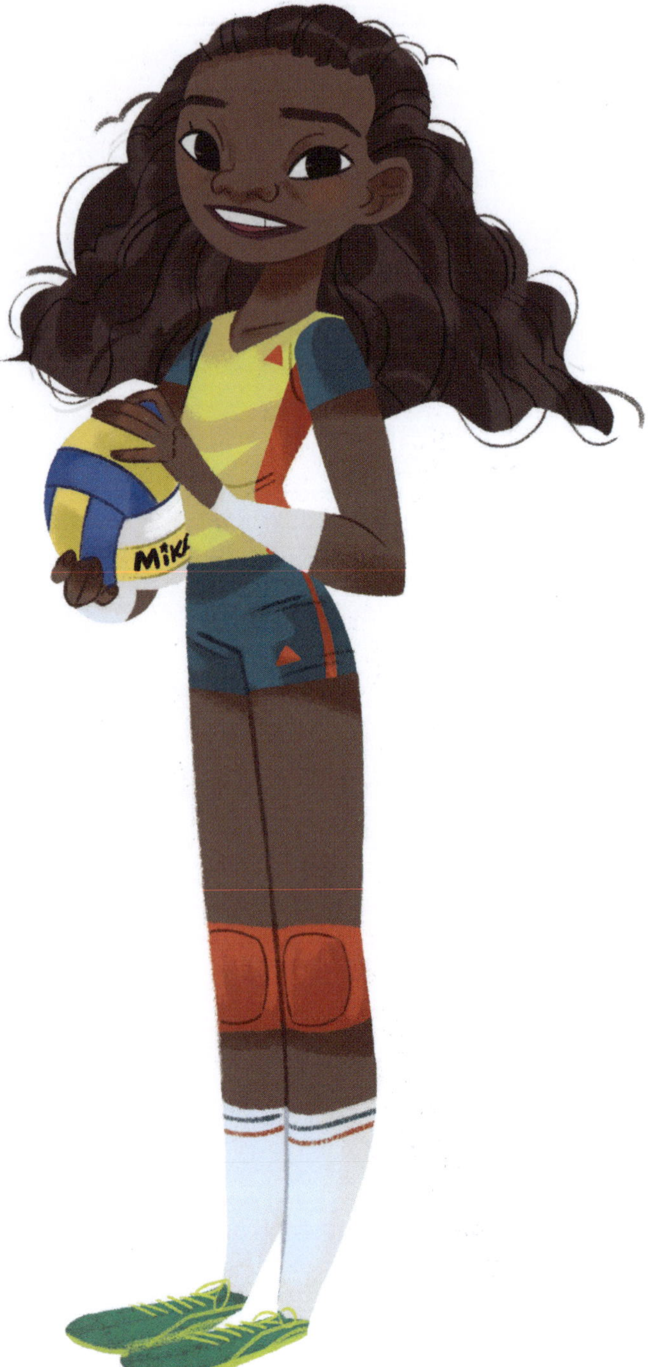

CATERINE IBARGÜEN
Colombia
(1984)

ATLETISMO-SALTO TRIPLE

Caterine vino al mundo con dos cualidades: la capacidad de siempre sonreír y la de convertir cada dificultad en una ventaja. Nació en la ciudad de Apartadó, cerca del Caribe colombiano, en el seno de una familia humilde, criada bajo la tutela de su abuela. Sus padres tuvieron que mudarse a otro sitio para poder trabajar. De niña, siempre estaba corriendo y saltando sobre los charcos que dejaban las lluvias tropicales en las calles del barrio obrero en el que vivía.

Como atleta natural, destacaba en las competencias escolares de voleibol y lograba sobrepasar a estudiantes mucho más grandes. Fue descubierta por un entrenador local, quien la orientó en las tres modalidades de salto: alto, longitud y triple. A los catorce años se mudó a Medellín, y tras unos años de entrenamiento logró ser campeona nacional. Ella recuerda que en esa época escribió en un papel que su sueño era poder saltar 14 metros. No solo logró su meta, sino que la sobrepasó: su récord personal es de 15,31 metros.

Todo iba muy bien, pero en su primera participación olímpica tuvo una mala actuación. En Atenas, ni siquiera pudo superar sus marcas personales. Desmotivada, decidió aprovechar una beca para estudiar enfermería y dejó el deporte en un segundo plano. Sin embargo, la vida le dio la oportunidad de convertir las derrotas en triunfos. Se topó con un entrenador que la enfocó en la práctica del salto triple y, aunque no logró clasificar a los Juegos Olímpicos de Pekín, no se rindió. Meses después, comenzó a destacar y ganar medallas en torneos internacionales.

Su tenacidad y perseverancia la llevaron a Londres en 2012, donde obtuvo la medalla de plata. Esto la motivó para seguir luchando y figurar en la historia del deporte. En Río 2016 logró la medalla de oro en salto triple. Todos aplaudieron su victoria, sin embargo, ella sentía que aún no había llegado a la cima. En los siguientes años ganó varios mundiales y ligas diamante en salto de longitud y triple. La Federación Internacional de Atletismo la eligió como la mejor atleta femenina del mundo en 2018. Sus cinco medallas de oro, tres de plata y cinco de bronce la respaldan totalmente.

Su historia de constancia, trabajo y orgullo por sus raíces ha inspirado a miles de niños y niñas a practicar un deporte para darse un lugar en el mundo.

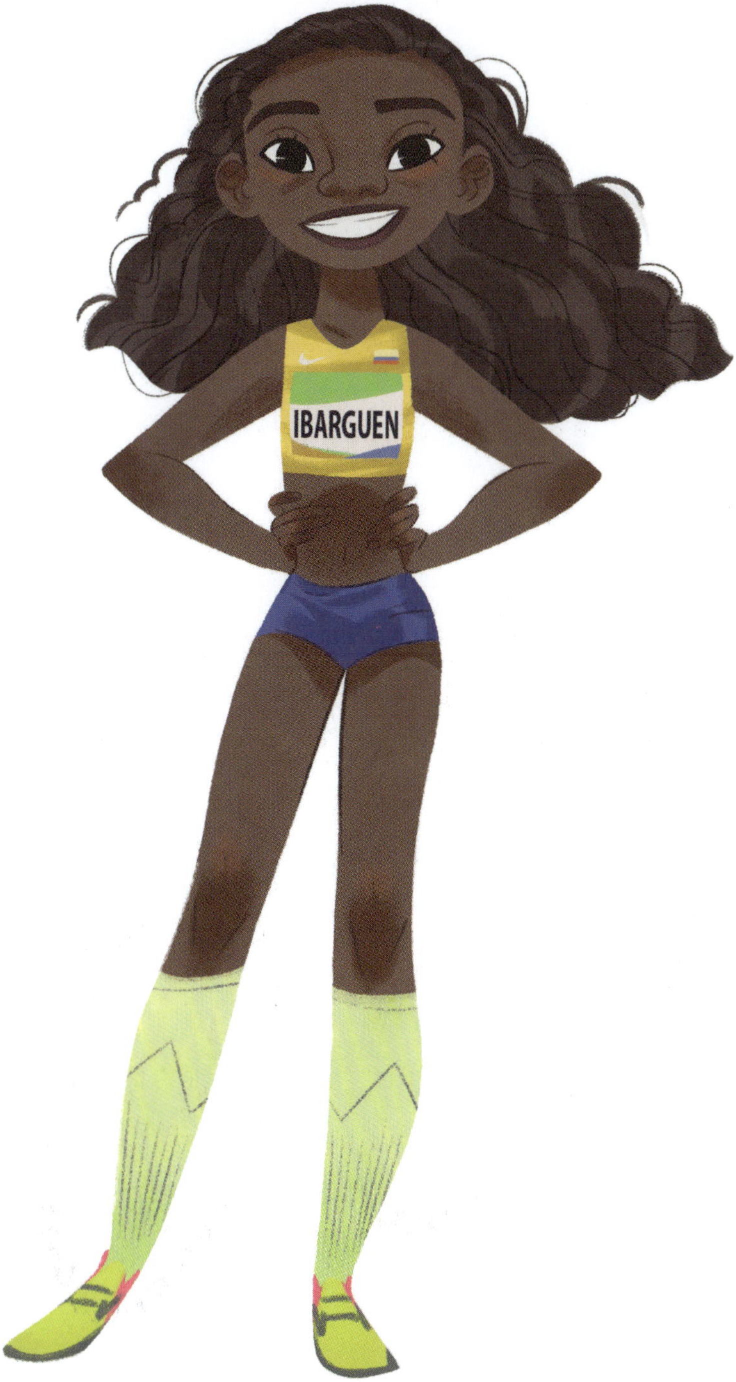
IBARGUEN

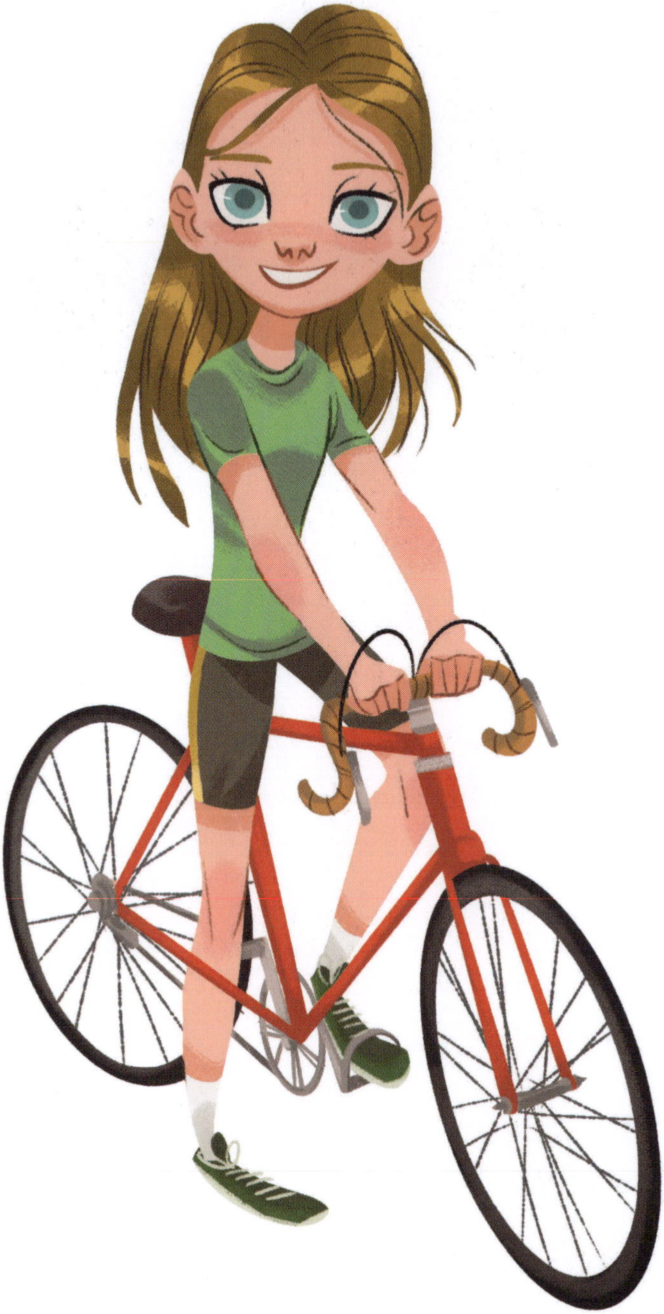

LAURA KENNY

Reino Unido

(1992)

Ciclismo

Cuando Laura nació, ni los médicos ni su familia la esperaban. Tuvo que nacer por cesárea un mes antes de lo que estaba programado. Desafortunadamente, a causa de esta complicación, la pequeña nació con un pulmón colapsado, por lo cual la ciencia médica le daba solamente unos meses de vida.

Sin embargo, creció como una niña sana y, por recomendación de los doctores, empezó a hacer actividades deportivas. Primero intentó con la gimnasia de trampolín, pero esto le exigía realizar un esfuerzo respiratorio que no lograba con toda comodidad; por eso decidió dedicarse a otra disciplina física, la cual fue inspirada por Glenda, su mamá.

Glenda quería bajar de peso y encontró en el ciclismo el aliado perfecto. Por esta razón, Laura decidió que este sería su deporte, el cual practicó con su hermana, Emma, que también se convirtió en corredora profesional.

Desde pequeña, Laura supo que quería ganar una medalla olímpica, en especial el día en que recibió la visita del campeón del kilómetro contrarreloj, Chris Hoy, que fue a ver a su equipo durante un entrenamiento cuando ella tenía doce años. Esa fecha la marcó profundamente, ese día supo que sí sería posible ganar la medalla que él portaba orgulloso en su pecho.

Este sueño se hizo realidad en 2012, cuando Laura y Chris representaron al Reino Unido en los Juegos Olímpicos de Londres. Allí, a pesar de ser su primera competición olímpica, se llevó dos medallas de oro: una por persecución por equipos y otra por ómnium. Para completar su felicidad, Chris Hoy, quien fue su inspiración para llegar a los olímpicos, también ganó dos medallas de oro, una por velocidad por equipos y otra por keirin.

Laura consiguió otras dos medallas de oro en las siguientes olimpiadas y se convirtió en la mujer con más triunfos olímpicos en su país, por lo que la reina la condecoró con la Excelentísima Orden del Imperio Británico: el máximo reconocimiento que cualquier persona puede recibir allí.

Como ella nunca olvidó lo que significó conocer a un medallista en su juventud, se dedicó inspirar a los niños y las niñas para que cada uno, en cualquier disciplina, alcance sus sueños.

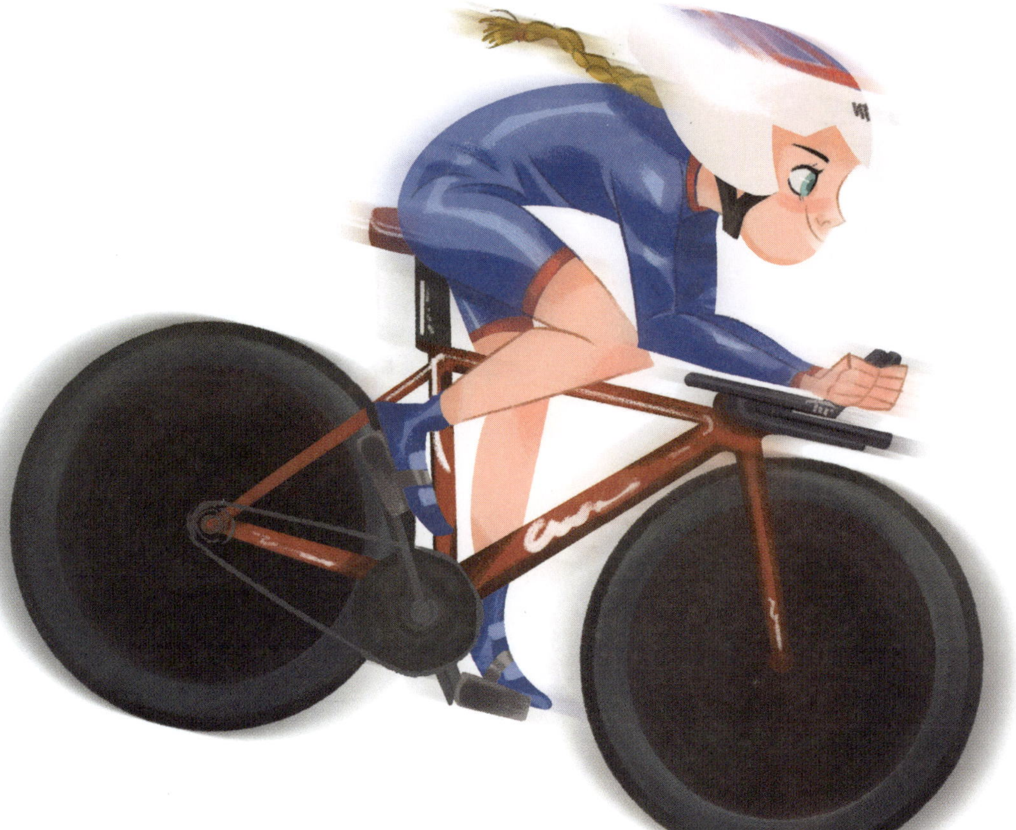

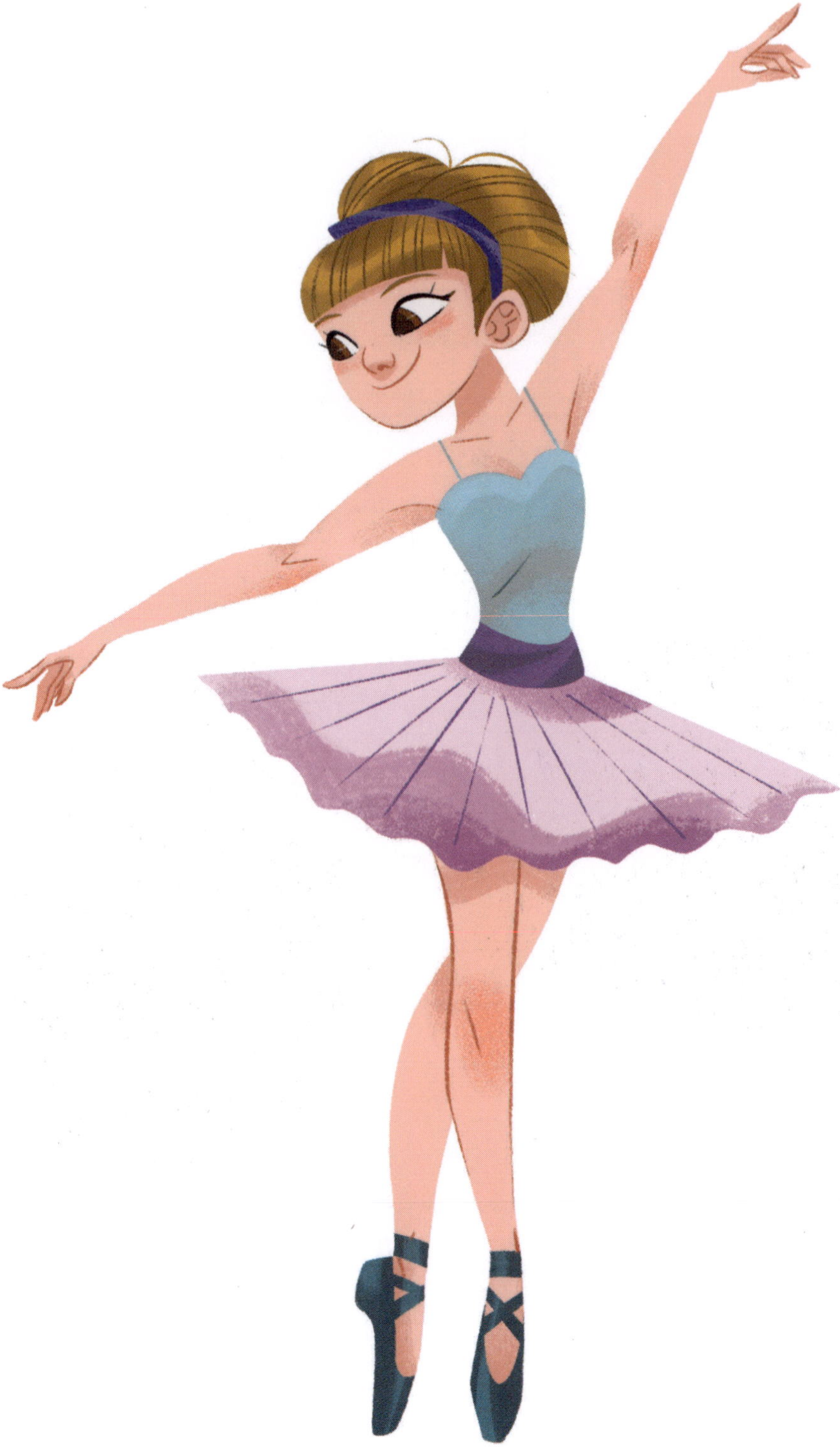

LARISA LATÝNINA

Unión de Repúblicas Socialistas Soviéticas
(1934)

Gimnasia artística

De pequeña, Larisa soñaba ser bailarina de *ballet*, se obsesionaba con las coreografías y las repetía desde que se despertaba hasta que se iba a dormir. Su mamá, quien nunca aprendió a leer ni a escribir, sabía lo importante que era darle una buena educación a su hija, pero sobre todo, apoyarla a alcanzar sus sueños. Por eso, cuando quedó viuda, decidió tomar un segundo trabajo como vigilante en las noches, sin renunciar a su trabajo de limpiar casas durante el día.

Los días en la academia de *ballet* hacían que Larisa fuera la niña más feliz del mundo: se le veía radiante practicando las técnicas que aprendía. Tenía un gran talento y un dominio innato de su propio cuerpo, lo que despertó la admiración de sus maestros.

Su corazón se rompió cuando la academia en la que estudiaba se mudó de ciudad. Ese día supo que ya no danzaría más y creyó que con el *ballet* se iría su felicidad. Sin embargo, como reza el dicho: no hay mal que por bien no venga. Muchas veces, cosas mejores nos esperan en el camino. Ese fue el caso de Larisa.

Entonces comenzó a practicar gimnasia en el colegio donde estudiaba, y pronto empezó a ganar competencias y, antes de graduarse del colegio, ya tenía una condecoración de su país que la ubicaba como una de las personas con más talento dentro de su disciplina.

A medida que Larisa ganaba, se volvía más exigente consigo misma y con la técnica. Cada vez daba lo mejor de ella, y así lo demostró en su primera competencia olímpica, en la que ganó cuatro medallas de oro, una de plata y una de bronce.

Se podría pensar que luego de conseguir una medalla de oro en la máxima competencia mundial ya no se puede llegar más lejos, pero Larisa no se enfocaba en ganar, sino en trabajar en ella misma, por eso en las siguientes olimpiadas volvió a arrasar.

En total, ganó nueve medallas de oro en su carrera como gimnasta. Este logro la ha convertido en la deportista que más medallas olímpicas ha ganado en esta disciplina, entre hombres y mujeres. Al retirarse, se dedicó a entrenar a otras jóvenes que querían seguir sus pasos, para enseñarles que, aunque a veces nuestros sueños se frustren por el camino, la vida siempre nos tiene preparados triunfos mucho más grandes.

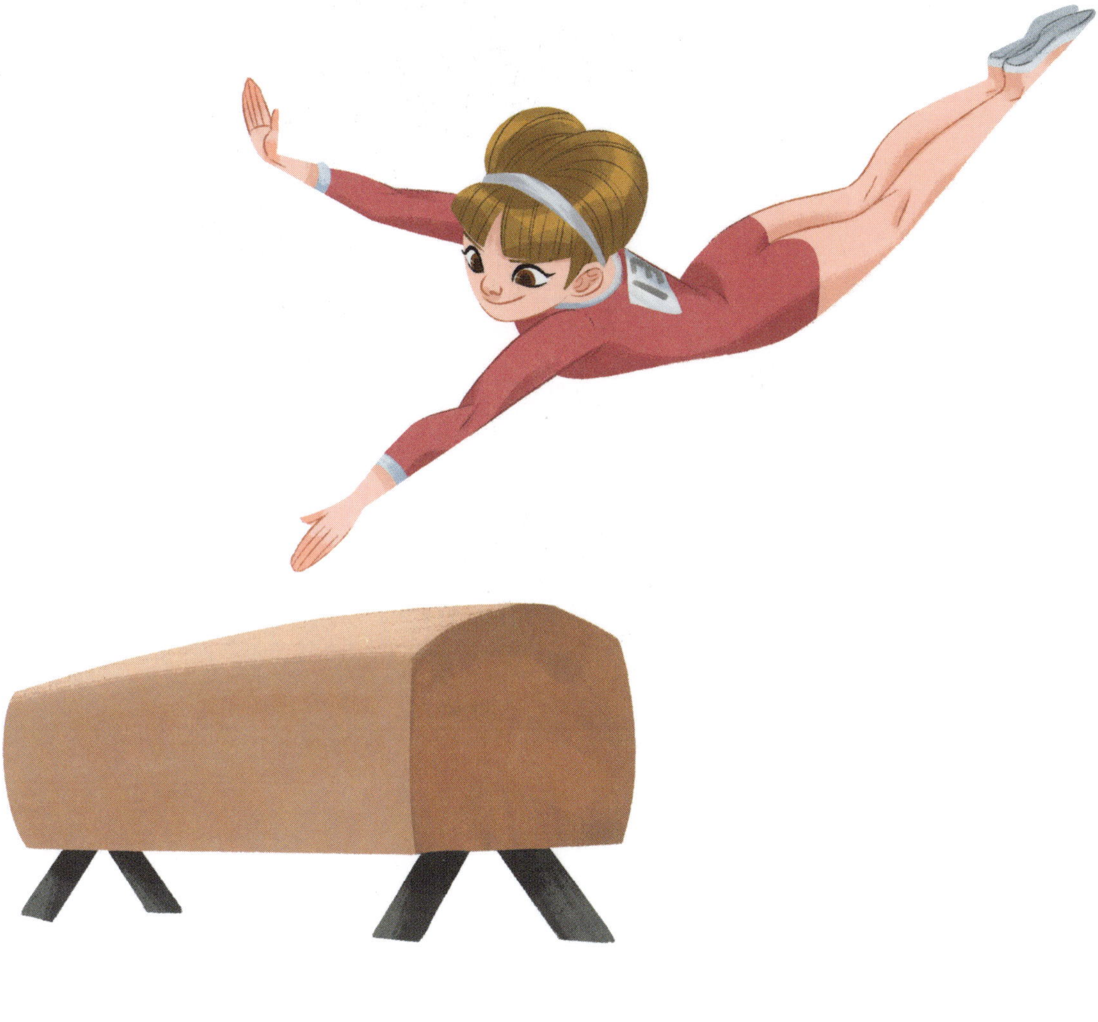

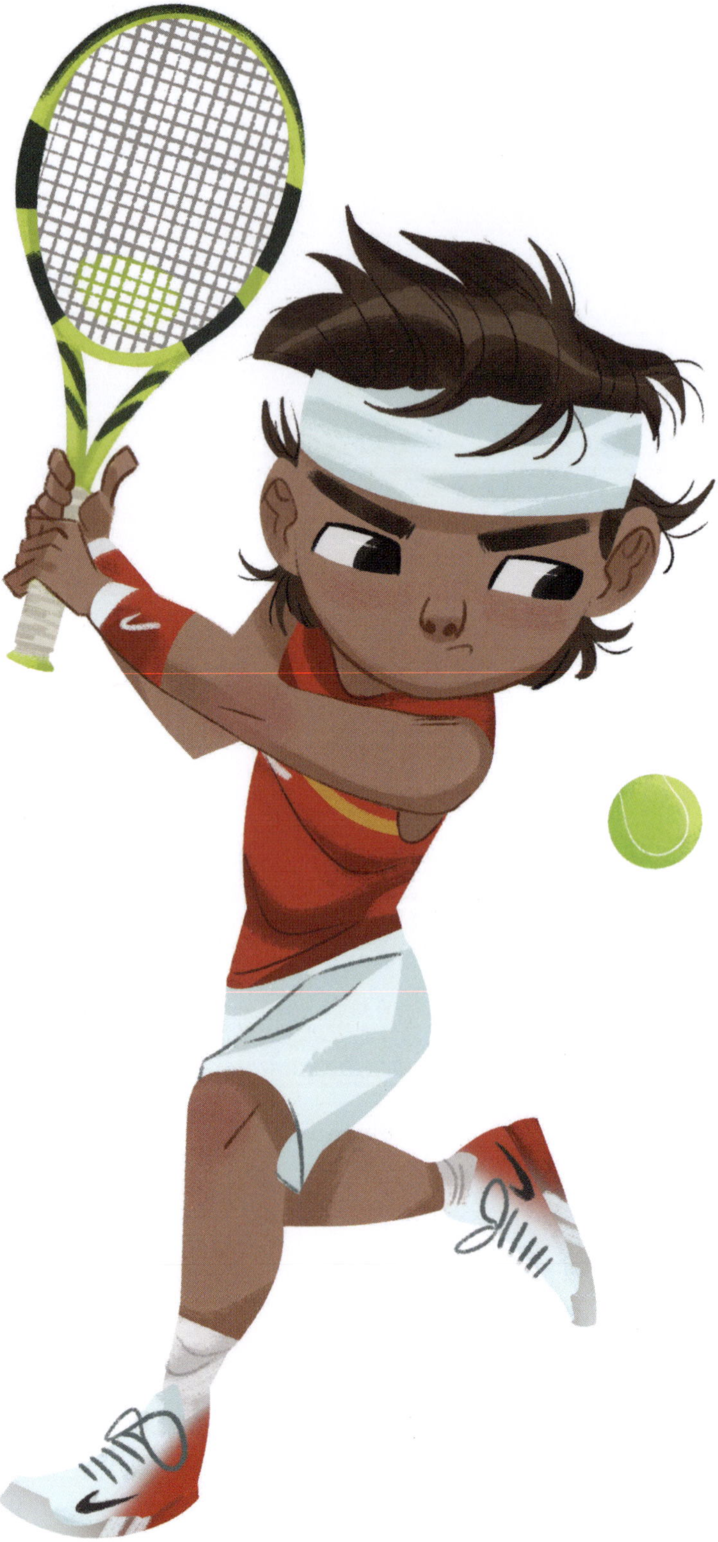

RAFAEL NADAL

España
(1986)

Tenis

Rafael tomó una raqueta por primera vez cuando tenía tres años, en la academia de tenis que tenía su tío Toni en su tierra natal, Manacor, Islas Baleares. A los cuatro años comenzó a entrenar. Durante su niñez mostró que era un atleta natural, no solo para el deporte blanco, sino para el fútbol, en el que también destacó. Sin embargo, abandonó este último para enfocarse completamente en cumplir su sueño de ser el más grande tenista de la historia.

Con tan solo quince años, comenzó a jugar con profesionales y logró resultados muy prometedores. En 2005 ganó su primer Roland Garros. Allí empezó una seguidilla de éxitos en diferentes torneos. Alcanzó la medalla de oro en los Juegos Olímpicos de Pekín 2008, año en el que se convirtió en el indiscutible número uno del mundo y el rey absoluto del polvo de ladrillo.

Vinieron otros años de éxitos, pero una cosa es llegar a la cima y otra es mantenerse por siempre. Debido a las lesiones producidas por el sobreesfuerzo, bajó su ritmo demoledor y llegaron las derrotas. Sin embargo, fue en esos momentos cuando su casta de campeón salió a relucir, y todo el trabajo realizado con su tío Toni dio resultados. Recordó que su principal aprendizaje había sido ser realista a la hora de enfrentar sus debilidades, que el apoyo incondicional de su familia vale más que cualquier Grand Slam y que las excusas no lo harían vencedor en un juego.

Después de varios tratamientos médicos, sus lesiones fueron desapareciendo. Poco a poco recuperó su nivel y su excelencia deportiva, sustentada en la perseverancia, el respeto al rival y el sacrificio. En estos años, invirtió parte de su dinero en hacer una academia de tenis en Manacor para formar una nueva generación de tenistas.

Su juego evolucionó. Cada uno de sus golpes guarda la estabilidad que da un corazón cargado de generosidad y resiliencia. Logró de nuevo ser el número uno, aunque por un corto periodo. Para Rafael aparecieron de nuevo momentos en los que no pudo jugar al ciento por ciento y descendió en la clasificación mundial.

Sin embargo, esta vez tuvo muy claro cómo volver a la cima. Participó en Río 2016 y ganó en dobles masculinos la presea de oro, hecho que lo consagró como una leyenda viviente del tenis y, al siguiente año, conquistó la posición número uno del mundo.

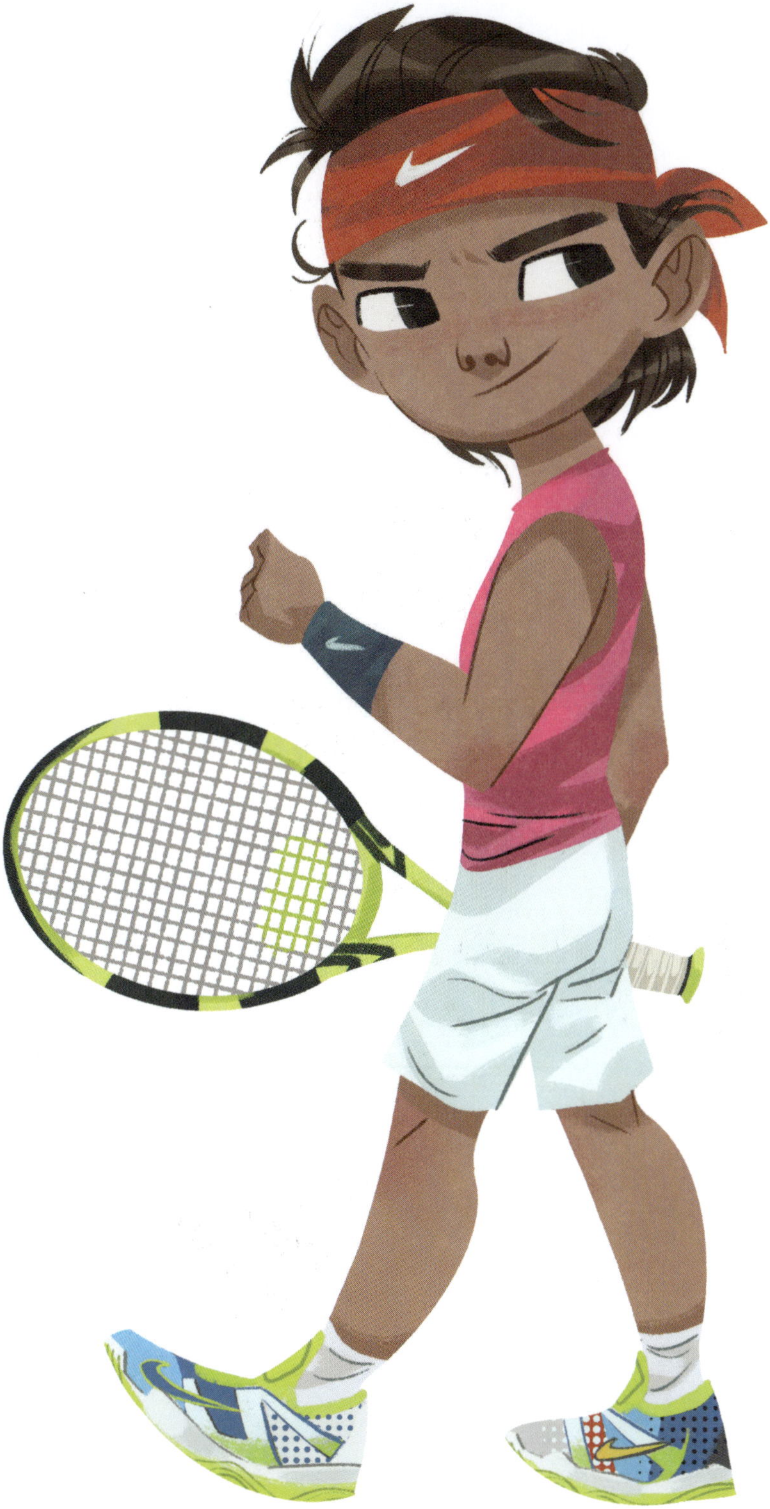

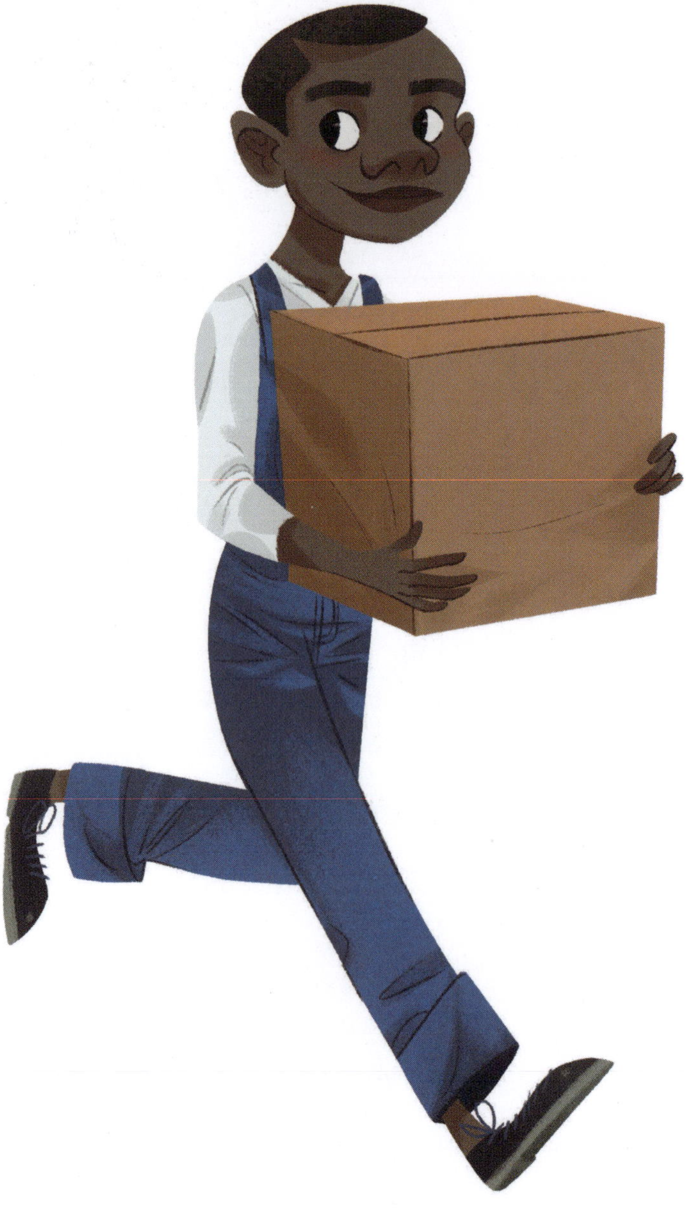

JESSE OWENS

Estados Unidos

(1913-1980)

Atletismo

Jesse creció en una época difícil para la humanidad, una época en la que algunos creían que eran mejores que otros por su color de piel. Su vida estuvo marcada por la discriminación en su país, pero su victoria en los Juegos Olímpicos de 1936, en la Alemania nazi, lo convirtió en un ícono contra el racismo.

Jesse fue un atleta muy dedicado que se levantaba temprano todos los días para entrenar. A diferencia de sus compañeros, no podía involucrarse en ninguna actividad después del colegio, ya que tenía que realizar distintos trabajos para ayudar a su familia. Ganaba dinero en labores de carga y descarga de vagones, como asistente de zapatero o como repartidor. Sin embargo, su entrenador, Charles Riley, logró ver el potencial de Jesse y lo apoyó para que se convirtiera en un corredor de velocidad.

Pronto, Jesse logró notoriedad en el deporte y empezó a ganar medallas de oro, una tras otra, lo que le mereció el sobrenombre la Bala. En 1935 realizó una hazaña sin igual en la historia del deporte cuando logró romper tres récords mundiales e igualar otra marca en menos de una hora. Esta gran hazaña lo hizo merecedor de muchos reconocimientos en el ámbito mundial. Por eso, cuando en 1936 llegó a competir en los Juegos Olímpicos de Berlín, ya era mundialmente conocido.

En ese entonces había un gobierno que creía que existía una raza superior conformada por blancos, y las otras razas eran consideradas inferiores y merecedoras de un trato menos digno. Por esta razón, para deportistas como Jesse, era tan importante ganar las olimpiadas, solo así podría demostrar que todas las razas podían hacer cosas extraordinarias.

Al hacerse a cuatro medallas de oro, Jesse demostró, una vez más, que la idea de la superioridad de una raza sobre otra no era verdadera. Su victoria fue un hecho sin precedentes que comprobó que los ideales racistas solamente promueven el odio y la ignorancia.

Tiempo después reconocería que, de no ser por Luz Long, un competidor alemán, no habría podido alcanzar la medalla de salto largo, pues este le dio un consejo en su último intento antes de ser descalificado. A Long no le importaba perder ante Jesse, porque sabía que en el deporte, el máximo rival es uno mismo. Fue así como Jesse y Long se convirtieron en amigos de por vida y no permitieron que su color de piel o una falsa ideología se interpusiese entre el juego justo y la amistad deportiva.

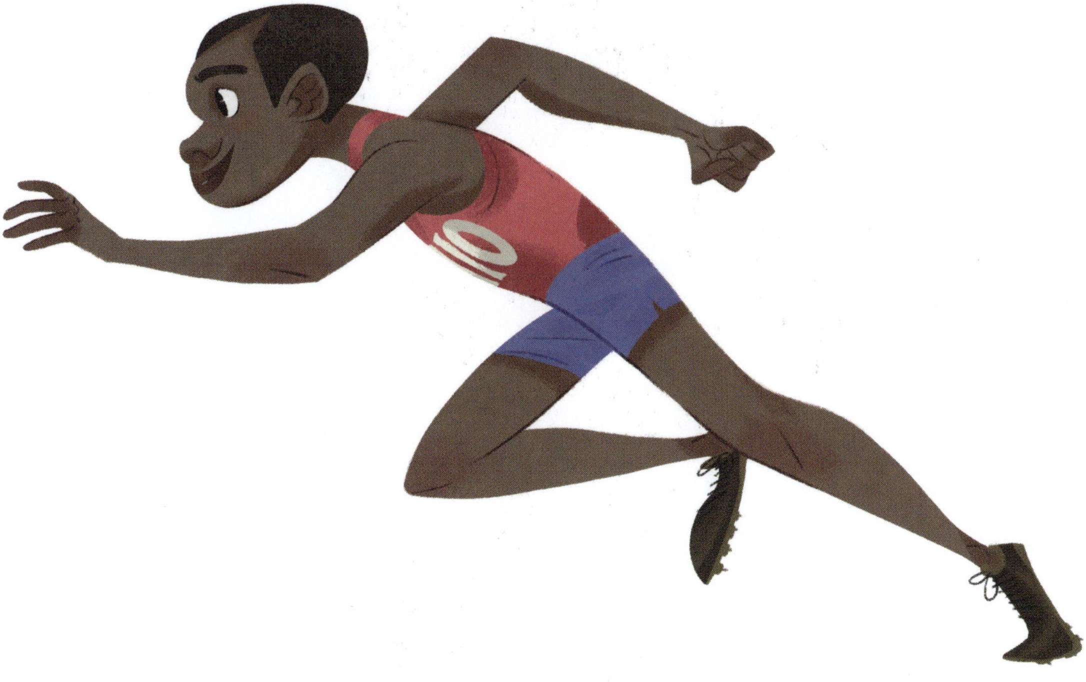

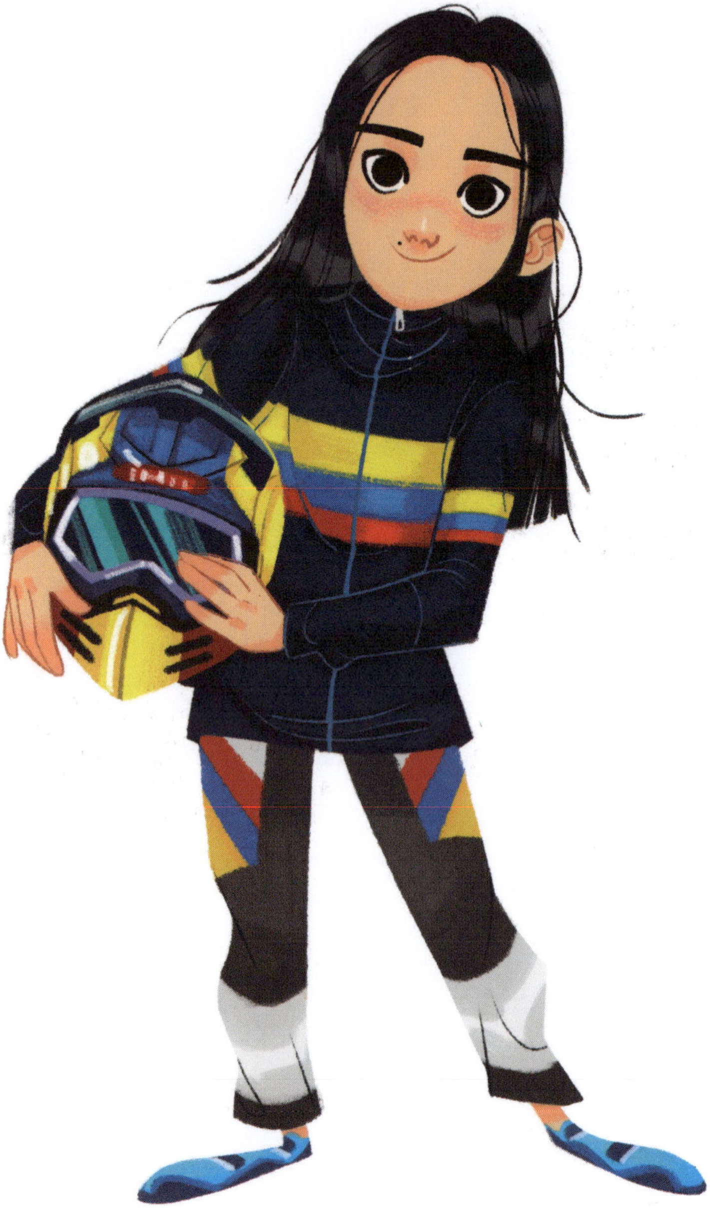

MARIANA PAJÓN
Colombia
(1991)

Ciclismo BMX

Cuando Mariana tenía tan solo cinco años, ya les ganaba en las competencias a los niños de seis y siete. No existía una categoría para niñas de su edad, razón por la cual tenía que batirse con chicos mayores. Siempre disfrutó competir, pero había un reto para el cual se preparaba todos los días: ganarle a su hermano y a sus amigos, quienes eran tres años mayores que ella.

A medida que iba creciendo, alcanzaba cada vez más medallas de oro en distintos países, aunque no fue fácil: tuvo muchas caídas, fracturas y pruebas difíciles. Sin embargo, el apoyo incondicional de su familia la ayudó a levantarse cada vez más fuerte y buscar el siguiente triunfo, sin pensar en lo que recién había logrado. Su mayor contrincante era ella misma.

Mariana nunca alcanzó a competir contra su hermano, pero cuando ella tenía diez años, él le cedió su puesto para representar al país en un mundial de BMX en Francia. Le dijo que fuera ella, que se lo merecía, que tenía más oportunidades de ganar, y así lo hizo.

No en vano, a la edad de once años, se ganó el apodo de la Hormiga Atómica, ya que a pesar de su corta estatura, tenía una técnica y velocidad que dejaba a todas las deportistas atrás: ella ganaba primero con la mente y luego con el cuerpo. Por eso le propusieron correr para otro país, le pagarían todo, pero tendría que renunciar a su nacionalidad colombiana. Mariana rechazó la oferta: ella competía por el país en el que nació, no por el dinero ni la fama.

Fue de esta manera como, en 2012, se coronó campeona en los Juegos Olímpicos de Londres, y luego repitió la proeza consiguiendo nuevamente la medalla de oro en las Olimpiadas de Río 2016, lo que la convirtió en la única persona de nacionalidad colombiana en alcanzar dos medallas olímpicas de oro y la única mujer en Latinoamérica que logró esta hazaña en un deporte individual.

Mariana ha ganado, además, dieciocho campeonatos mundiales, lo que la ubica como la número uno en su categoría, por eso la llaman la Reina del BMX. Ella es un referente internacional de este deporte para niños y niñas. Con la humildad y jocosidad que la caracterizan, sigue presentándose como alguien que "monta en una bici rosada, sin rueditas de apoyo, muy rápido, alrededor del mundo".

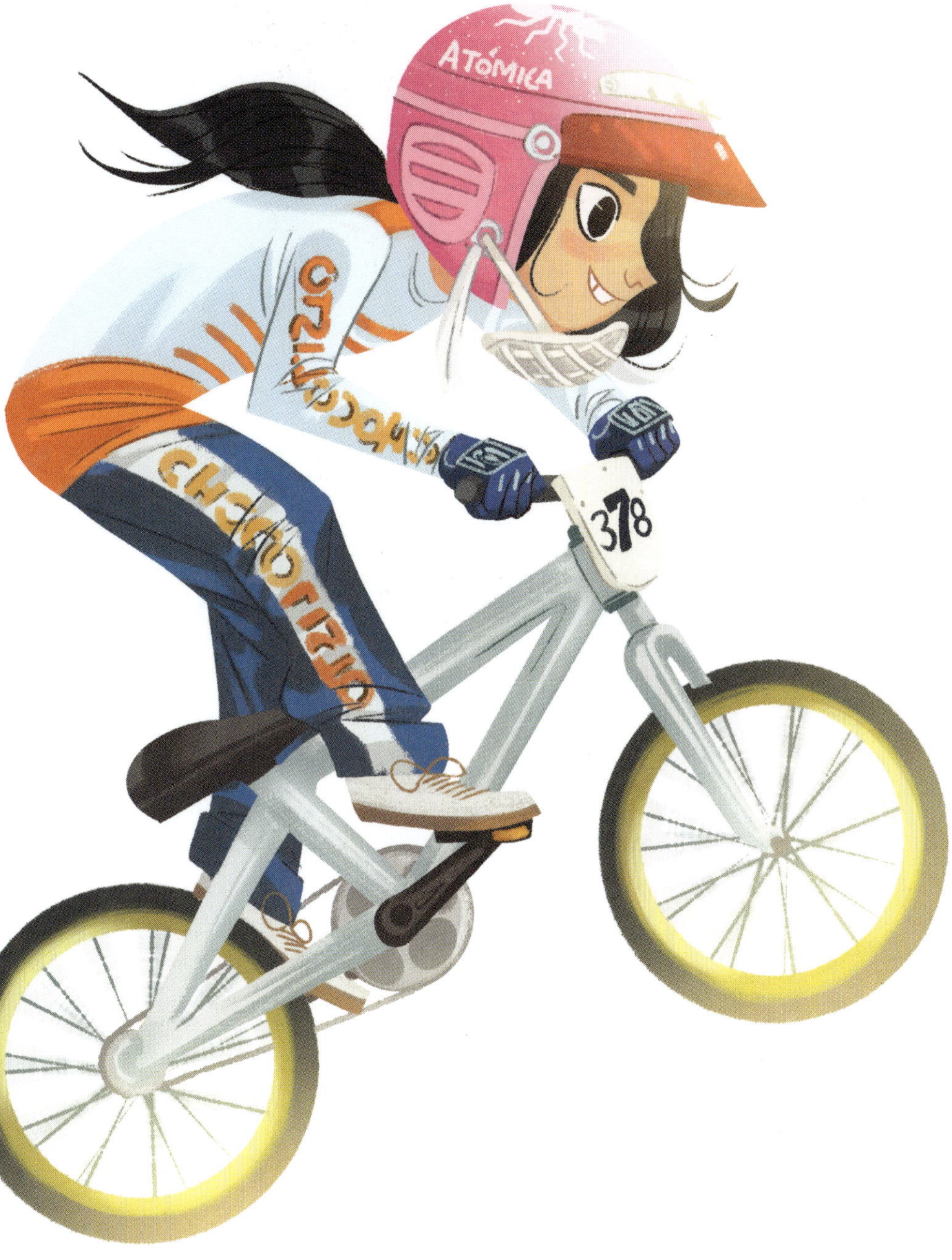
ATÓMICA
378

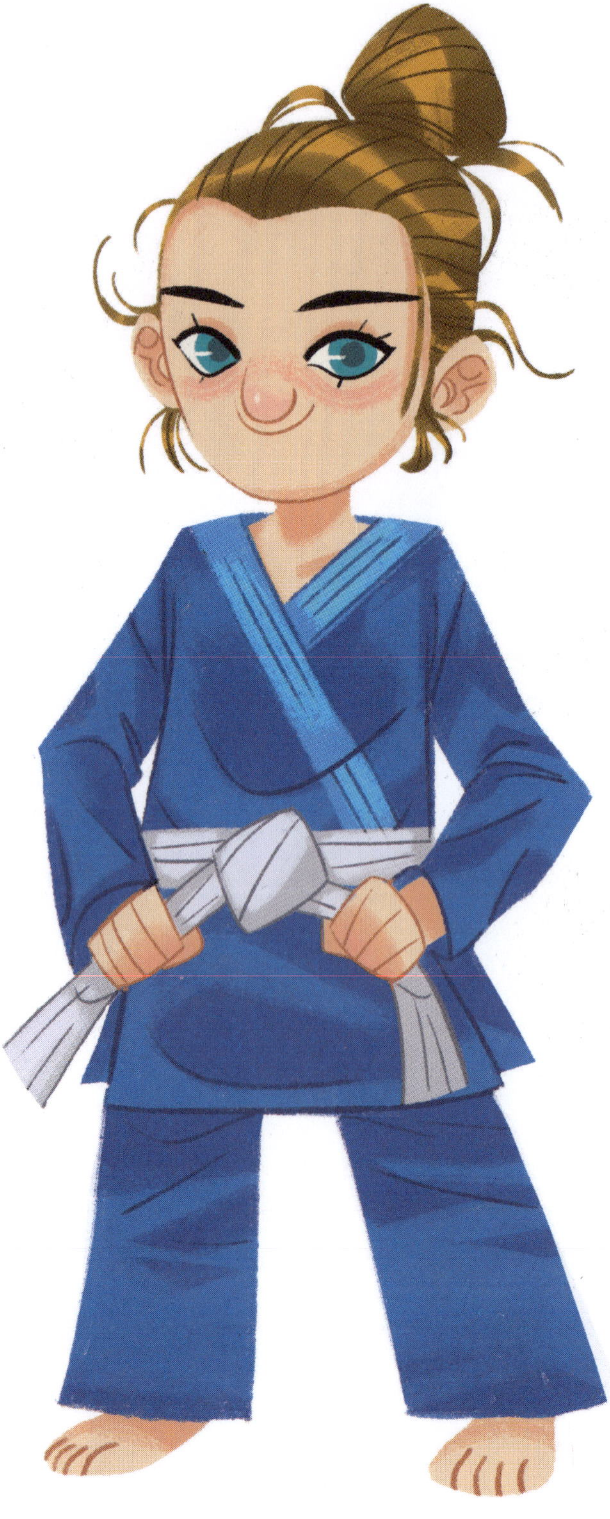

PAULA PARETO

Argentina

(1986)

Judo

Paula "la Peque" Pareto empezó a practicar judo debido al matoneo escolar. Un día, su hermano fue golpeado en el colegio, así que su padre, quien había practicado ese deporte, lo matriculó en clases para que aprendiera a defenderse. Ella lo acompañó y, con tan solo nueve años, decidió cambiar la danza por los combates.

Comenzó a destacarse en este arte marcial por su fortaleza y agilidad. Pese a tener una baja estatura para un deporte que consiste en tirar al piso al rival, descubrió que ser pequeña traía ventajas: su tamaño la hacía más liviana y próxima para atacar al centro de equilibrio del contrincante. Aunque las judocas que tienen más altura poseen brazos más largos para atacar, ella se las arregla siempre para superar este obstáculo con la astucia de una buena técnica.

Paula supo combinar muy bien sus estudios y la práctica de alto rendimiento del judo. Fue una alumna destacada en el colegio y entró a estudiar Medicina. La exigencia de su carrera más su entrenamiento diario la hacían llevar siempre en su morral un kimono junto a sus pesados libros de anatomía humana.

Logró clasificar a los Juegos Olímpicos de Pekín 2008, por lo que tomó la decisión de incrementar las horas de entrenamiento para tener una actuación destacada. En dicho certamen consiguió la medalla de bronce, hecho que marcó su camino por la excelencia deportiva. Después obtuvo victorias en juegos panamericanos, sudamericanos y mundiales. Pero no todo ha sido fácil: tuvo una lesión en las vértebras cervicales que casi termina con su carrera deportiva. Aunque la recomendación médica fue que abandonara el deporte, Paula siguió entrenando y compitiendo.

En los Juegos Olímpicos de Río 2016 ganó la medalla de oro después de un duro combate. En esta competencia, recibió un golpe en la boca que requirió atención médica. Obtuvo la victoria por realizar un waza-ari* contra su oponente. Ese día lloró de felicidad y le demostró al mundo que el único tamaño que importa es el del corazón.

Luego de las Olimpiadas se graduó de Medicina con especialización en Traumatología. Ella es un ejemplo de vida para entender que, con ganas, disciplina y trabajo duro, se cosechan grandes triunfos.

*Waza ari: Es el movimiento que otorga segunda puntuación más alta en judo. Se concede cuando el contrincante apoya casi la totalidad de la espalda sobre el tatami.

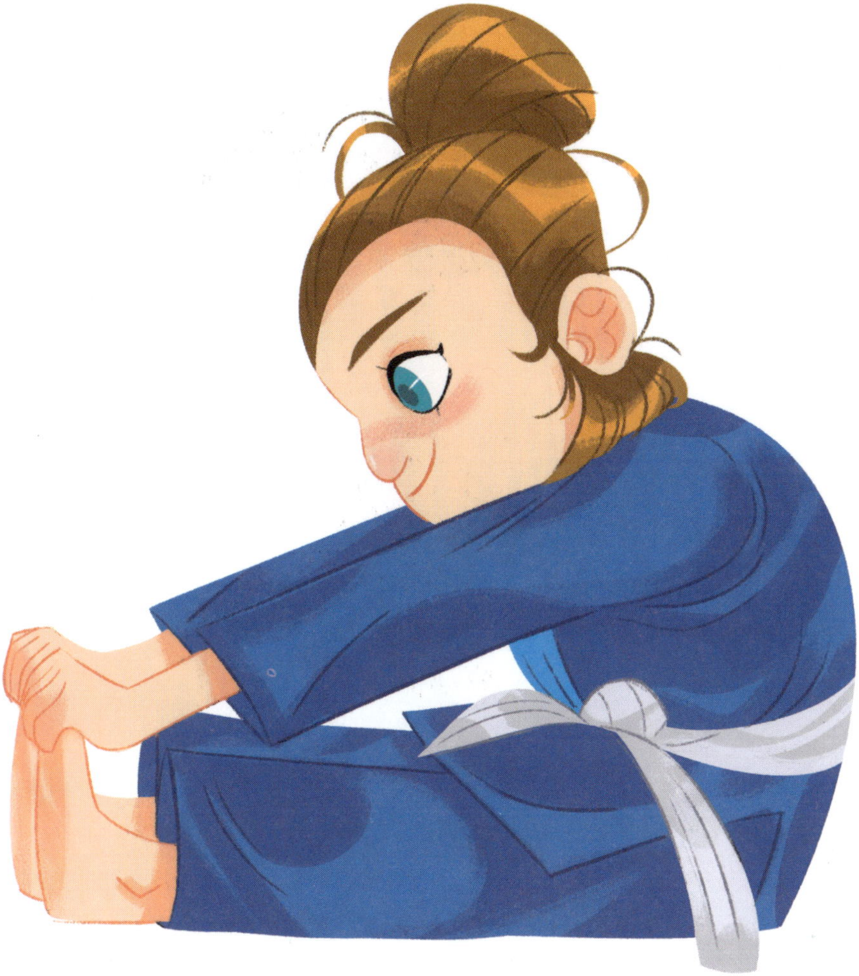

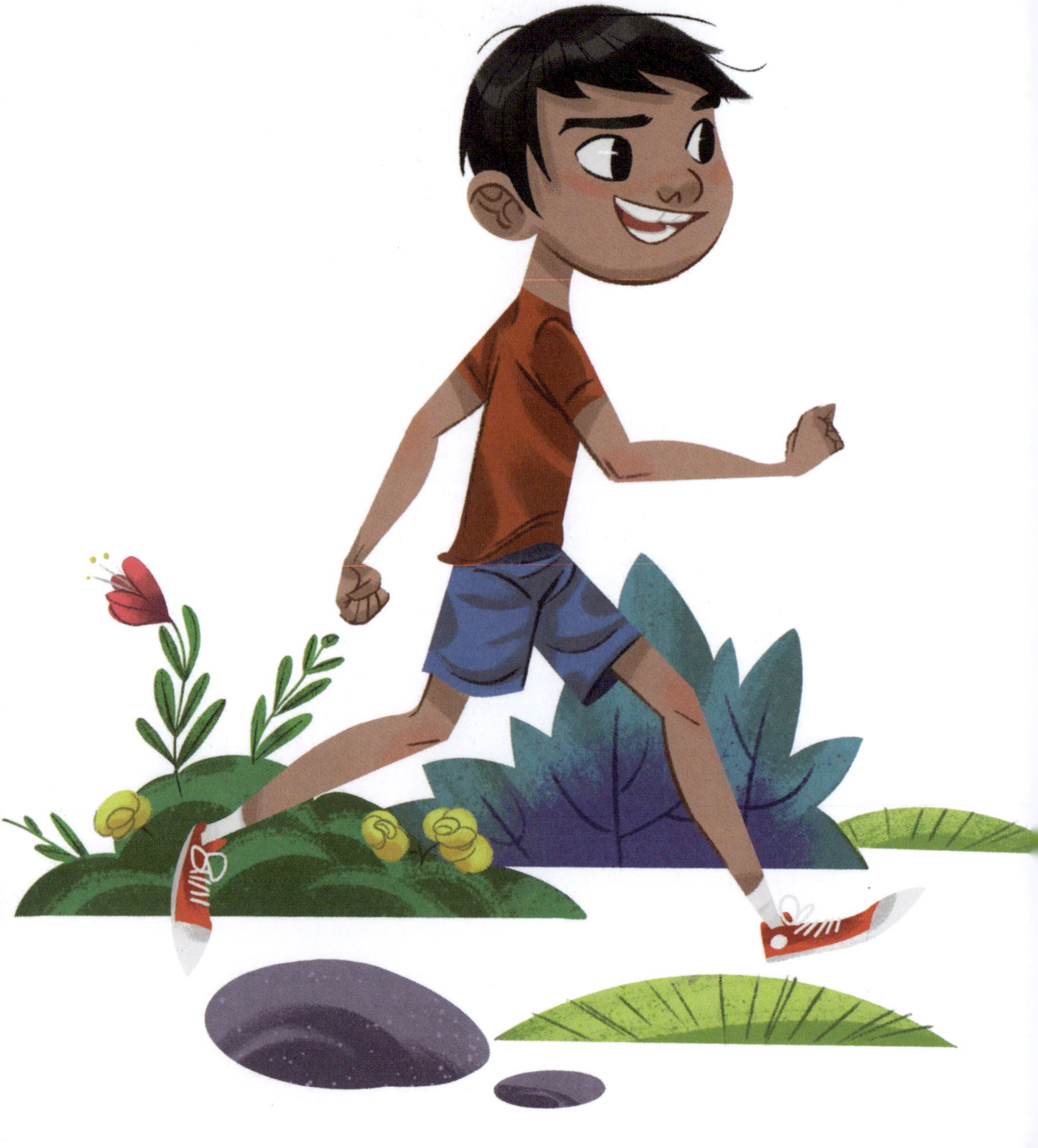

JEFFERSON PÉREZ

Ecuador

(1974)

Atletismo - Marcha

Cuando Jefferson cursaba la secundaria, no le gustaba ir a la clase de Educación Física y, por este motivo, estuvo a punto de repetir el año. Este era un lujo que no se podía dar, ya que pertenecía a una familia con muchas necesidades: tenía cinco hermanos, un padre fallecido y una madre invidente. Sin embargo, había aprendido desde pequeño a trabajar duro para ayudar en su casa y ver soluciones donde los demás veían barreras. Así que le pidió a su profesor que le diera una oportunidad para aprobar la clase. Él le respondió que tenía que correr en una competencia de atletismo y, si ganaba, pasaría el año.

Sin otra opción, fue a un centro de entrenamiento y ahí descubrió que tenía condiciones para ser un buen atleta. No solo ganó el año, sino que se apasionó por un deporte que le cambiaría la vida.

Jefferson tenía una enorme capacidad de resistencia. Su entrenador sintió que el destino le había dado un diamante en bruto y lo hizo participar contra atletas con más experiencia. Poco a poco empezó a alcanzar muy buenos resultados en carreras de semifondo.

Gracias a estos triunfos fue a Quito a correr en los Juegos Juveniles Nacionales, donde no solo ganó, sino que consiguió ser el representante de su país para un certamen en Londres. No podía creer que había pasado de ser un vendedor de periódicos de su natal Cuenca a convertirse en un atleta que concursaba en el exterior.

A su regreso, comenzó a interesarse por la marcha. Sus entrenadores lo motivaron para que concentrara todos sus esfuerzos en esta disciplina, la cual consiste en caminar lo más rápido posible sin correr. Jefferson ganó varios campeonatos internacionales y, pese a una mala participación en los Juegos Olímpicos de Barcelona 1992, ganó el mundial al siguiente año. De su primera experiencia olímpica guardó un recorte de prensa en el que un periodista realizó una crítica descarnada por su mala actuación. Esto lo motivó a entrenar con más tenacidad y, aunque debió enfrentar una precaria situación económica por esos años, llegó a Atlanta 1996 con el objetivo de ganar la medalla de oro.

Con esto en mente, sorprendió al mundo al convertirse en el primer medallista dorado de su país. Repitió el podio con la medalla de plata doce años después en Pekín 2008, año en el que se retiró del atletismo para trabajar en su fundación que ayuda a deportistas a salir adelante.

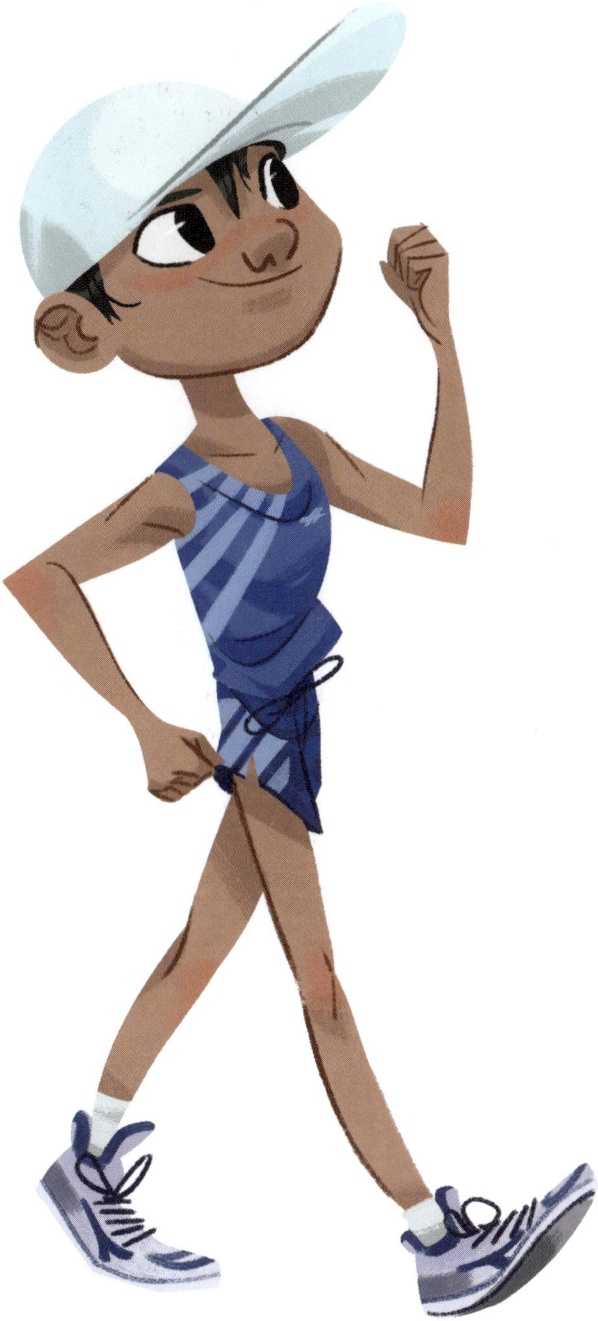

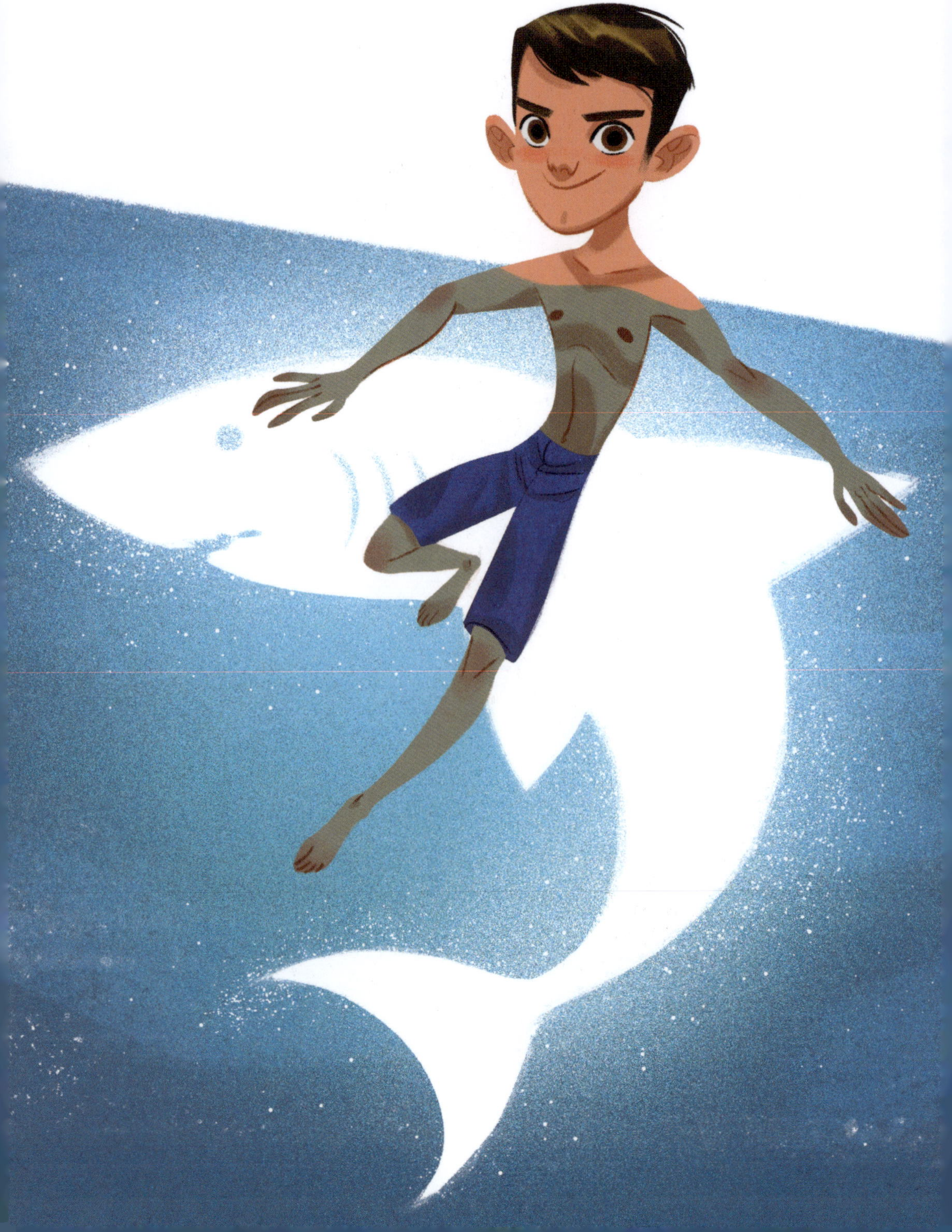

MICHAEL PHELPS

Estados Unidos

(1985)

Natación

Michael siempre demostró que era un deportista de primer nivel: siempre tuvo claro que su prioridad debía ser el deporte por encima de todas las cosas, por eso desde su infancia ganó los primeros lugares en las competencias en las que participaba. Mientras sus amigos salían los fines de semana al cine o a pasar un rato agradable, Michael entrenaba para ser el mejor. Fueron muchos sacrificios, pero todos dieron resultados al final.

Michael empezó a nadar cuando tenía siete años, pues su madre lo inscribió para que canalizara toda la energía que lo hacía hiperactivo en casa. Así la natación se convirtió no solo en un pasatiempo, sino en una vocación profesional.

Dos años después, cuando Michael tenía nueve años, ocurrió algo que lo marcó para siempre: sus padres decidieron separarse. Él se enfrento a dos posibilidades: dejar que la situación se impusiera y bajar su rendimiento o acudir a su fortaleza mental y seguir dando lo mejor de sí a pesar de los sentimientos de zozobra y tristeza. Michael eligió la segunda opción.

Su meta siempre fue ser el mejor nadador, se ponía logros realistas y daba lo mejor de sí para alcanzarlos, sin importar lo difícil o desfavorables que fueran las circunstancias. Fue así como a los diez años rompió un récord nacional para los nadadores de su edad.

Cada carrera ganada era un paso más hacia su meta, para cada una de ellas entrenaba sin pensar en los rivales, sino en su propio rendimiento. Daba todo de sí para vencer al Michael Phelps del pasado. Sabía que su dedicación se vería reflejada en el agua.

Aunque cada vez tenía más victorias en competencias nacionales e internacionales, y su reconocimiento en el mundo de la natación aumentaba, fue apenas en los Juegos Olímpicos de Pekín 2008 cuando cambió la historia olímpica al convertirse en el deportista que más medallas de oro ha ganado en unas mismas olimpiadas: ocho preseas doradas.

Michael no se detuvo allí: entrenó incluso más fuerte para los Juegos Olímpicos de Londres 2012 y Rio 2016. Gracias a su dedicación y pasión por la natación se convirtió en el nadador más exitoso de todos los tiempos y en el deportista que ha ganado más medallas olímpicas en toda la historia: veintiocho, de las cuales veintitrés son de oro.

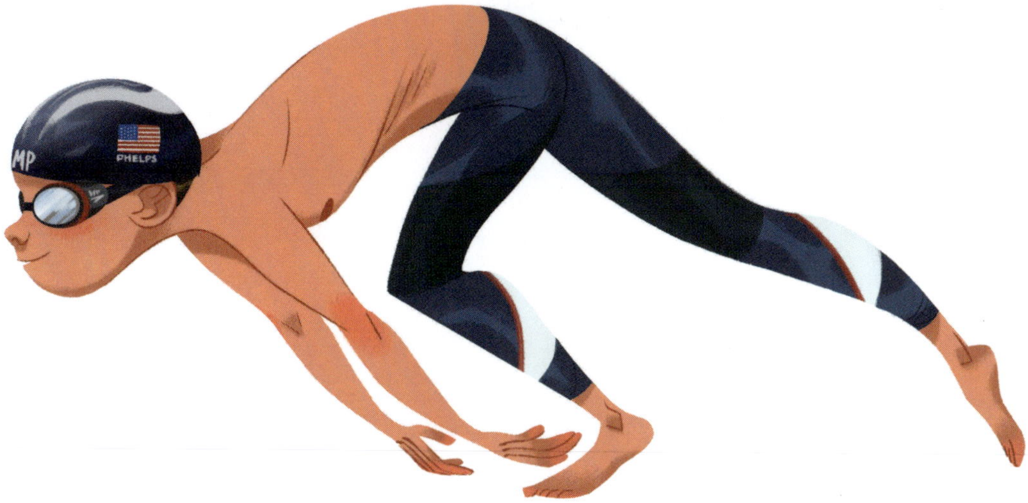
MP
PHELPS

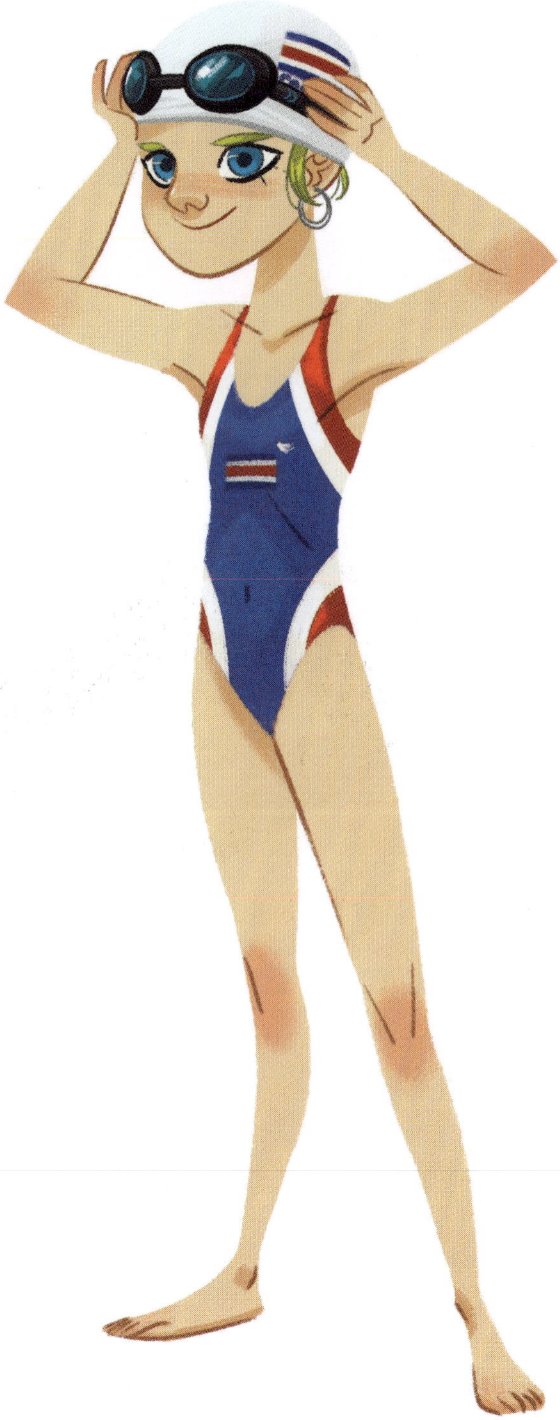

CLAUDIA POLL
Costa Rica
(1972)

Natación

Claudia y su hermana Sylvia, medallista de plata en Seúl 1988, eran dos niñas muy inquietas que fueron inscritas por sus padres, inmigrantes de origen alemán, en clases de natación en un club de Costa Rica. Al principio, las hermanas Poll tomaron el deporte como un pasatiempo, pero poco a poco la disciplina fue imponiéndose. En el caso de Claudia, los grandes avances en técnica y velocidad empezaron a notarse en su juventud, de la mano de su entrenador Francisco Rivas. Con él, escribiría un capítulo en la historia olímpica latinoamericana.

Entrenó siempre en una piscina con agua muy fría a 1.200 metros sobre el nivel del mar. Quizás la necesidad de entrar rápido en calor hizo que desarrollara su arranque explosivo y destacara en las categorías de 200 y 400 metros. Nadaba dos veces al día: en las madrugadas y en las tardes. Aquellas jornadas, marcadas siempre por el tictac del cronómetro, la llevaron a mejorar sus registros y a perfeccionar su técnica. El trabajo solía ser tan doloroso que muchas veces sus lágrimas se mezclaban con el agua.

Pero no solo se preparaba físicamente: su entrenador hizo énfasis en desarrollar la fortaleza mental, tan necesaria en todo deporte de alto rendimiento. Aunque para los Juegos Olímpicos de Barcelona 1992, ella se encontraba en muy buena forma para competir, optó por no participar y así tener tiempo para desarrollar una estrategia integral para Atlanta 1996.

Cuando llegó a sus primeros Juegos Olímpicos, ya se encontraba entre las cinco mejores nadadoras del mundo. Su rival principal era la alemana Franziska van Almsick, quien contaba con todo el apoyo del público. Rivas y ella habían planeado que iba a mantener el paso de Franziska en la primera parte de la carrera para luego cerrar en los últimos metros con un ataque. Sin embargo, apenas Claudia entró al agua sintió que podía ponerse en primer lugar con la potencia de su brazada y llevar el liderato de la competencia. Fueron casi dos minutos en los que toda Costa Rica contuvo la emoción que se desbordó con el logro de la primera presea dorada de su historia.

Ese día, las lágrimas de Claudia fueron de alegría. Estaba tan emocionada que no pudo recordar la letra del himno nacional de su país que, por primera vez, sonaba en unos Juegos Olímpicos.

Cuatro años después, en Sídney, ganó dos medallas de bronce en los 200 y 400 metros. Hoy en día, sigue compitiendo en categoría senior y afirma que su retiro está aún lejos.

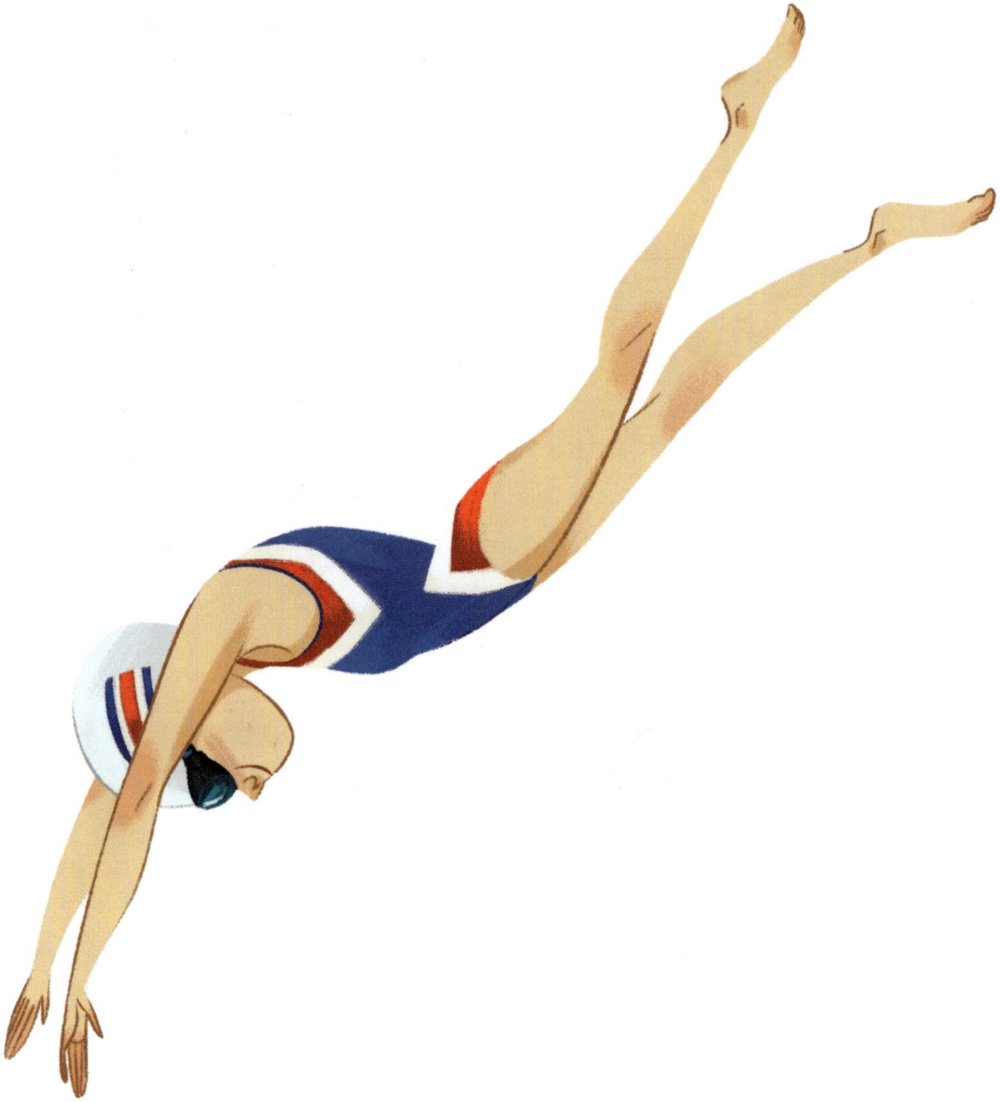

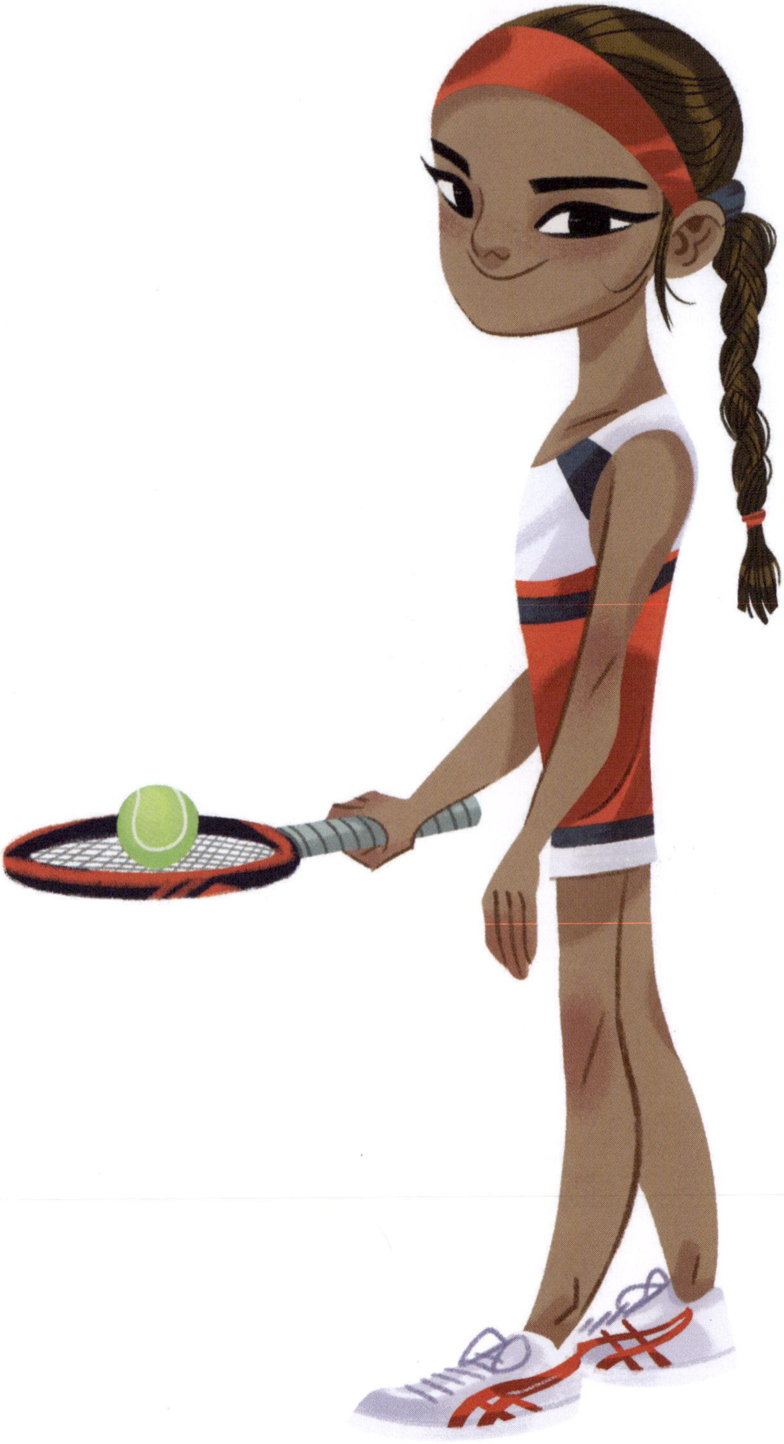

MÓNICA PUIG

Puerto Rico

(1993)

Tenis

El 13 de agosto de 2016, Puerto Rico se paralizó por completo. La alegría y celebración desbordaban el entusiasmo: por primera vez en la historia de esa nación, una de sus deportistas ganaba una medalla de oro en unos juegos olímpicos. Dado que la isla venía de sufrir calamidades muy grandes, la victoria de Mónica Puig en el tenis fue algo que sintió cada puertorriqueño como un triunfo propio.

La primera vez que ella tomó una raqueta de tenis en sus manos tenía tan solo seis años. Su mamá, quien había sido deportista en la secundaria, la animó para que usara el deporte como una manera de adquirir disciplina en su vida, y Mónica no solo siguió ese consejo, sino que rápidamente fue alcanzando premios y reconocimientos como el abierto de Australia y el US Open, y consiguió la medalla de plata en los Juegos Panamericanos de Guadalajara. Fue en ese momento cuando Estados Unidos le propuso jugar para ellos, pero la boricua declinó la oferta: ante todo, ella era latina, estaba orgullosa de su patria y, si iba a ganar medallas, serían para su país.

Cuando llegó a los Olímpicos nadie la tenía por favorita; por el contrario, la consideraban muy joven para poder alcanzar una victoria tan grande. Así, en medio de su gran alegría que contagiaba a todos, fue ganando partidos durante la semana hasta llegar a la final.

El partido parecía imposible de ganar: se enfrentaba a la segunda mejor del mundo, y ella apenas se perfilaba en el puesto treinta y cuatro. En el primer set, Mónica se impuso 6-4 sobre su contrincante, pero, antes de hacerse ilusiones, fue derrotada 6-1, lo cual fue un duro golpe para todos los espectadores latinos que querían verla ganar. De repente les devolvió la esperanza cuando ganó el último set 6-3, lo que la convirtió en la primera mujer latinoamericana en ganar la medalla olímpica de oro en tenis individual.

Ese día, Mónica supo que no cambiaría su medalla de oro por nada del mundo, pues entendió que, a pesar del dolor y drama que vivía su país, su triunfo era un sinónimo de alegría para muchas personas y, al final de todo, lo que más importa es cuánta felicidad puedes dar a los tuyos.

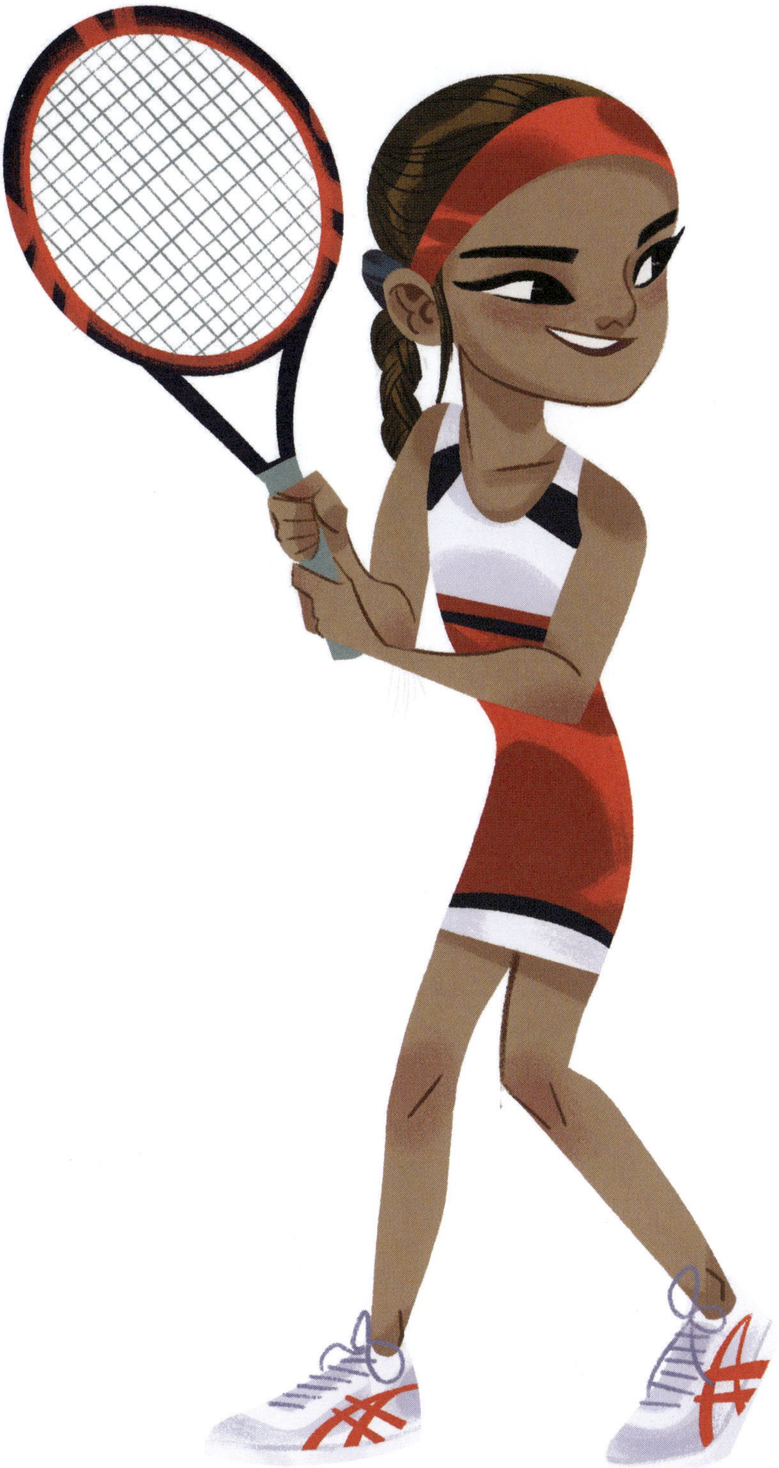

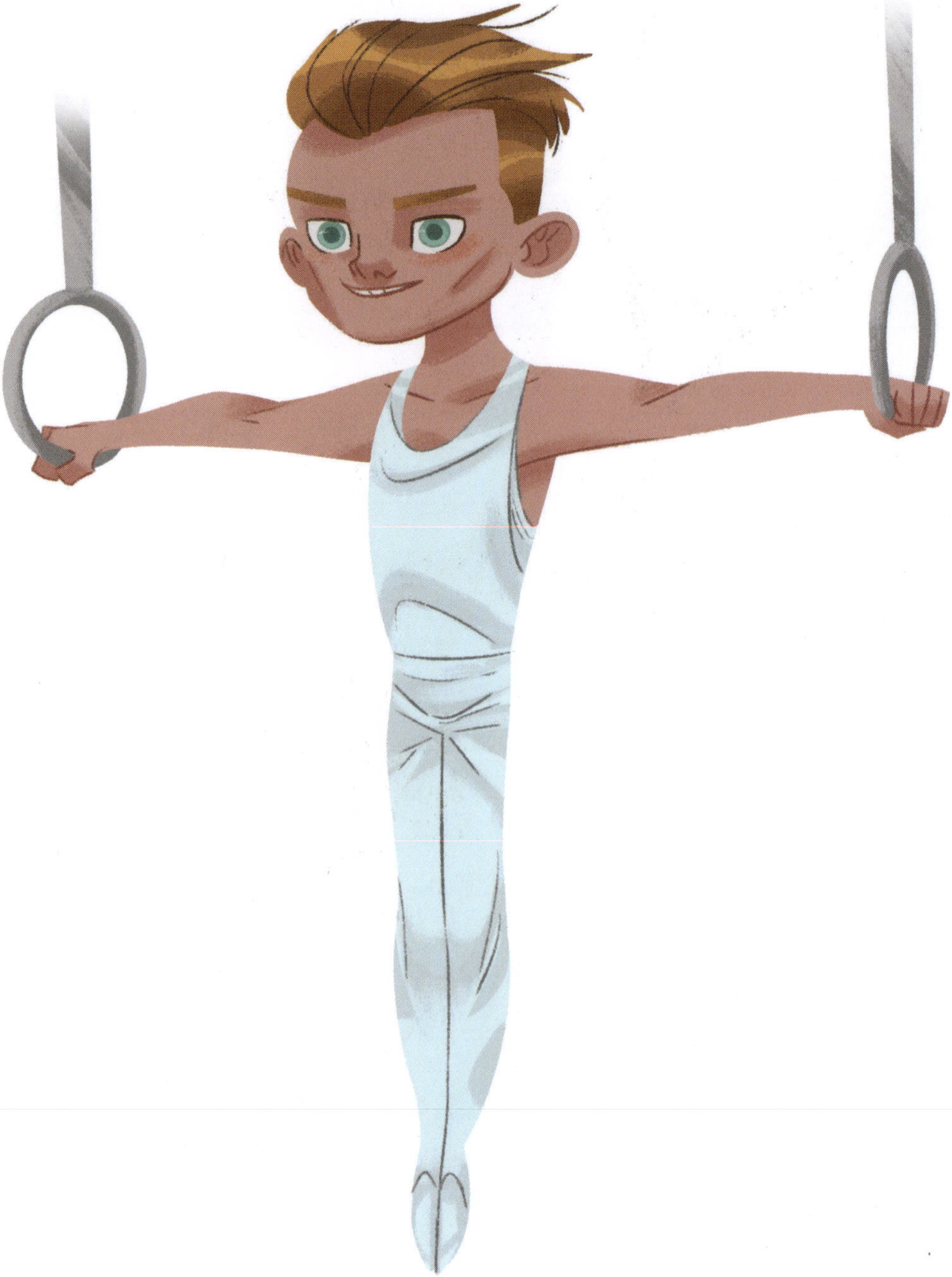

BORÍS SHAJLÍN

Unión de Repúblicas Socialistas Soviéticas

(1932-2008)

Gimnasia

A primera vista podríamos pensar que la vida de Borís no fue para nada fácil: a muy corta edad quedó huérfano de padre y madre. Fueron su abuela y su hermano quienes lo criaron y le enseñaron que no importa lo difíciles que sean las circunstancias o lo complicadas que parezcan las cosas, lo importante es no rendirse ante nada. Borís quedó agradecido hasta el último de sus días por estas enseñanzas, ya que no permitió que estos hechos tomaran control de su vida, sino que, por el contrario, fueron un incentivo para no desfallecer jamás.

Su abuela, al ver que Borís tenía una contextura superior a la de los niños de su edad, pensó que sería buena idea que practicara un deporte, por lo cual lo inscribió en la escuela de gimnasia. Allí conoció a su primer entrenador, quien lo hizo enamorarse de tan difícil disciplina, pero sobre todas las cosas, le enseñó a no rendirse. Sin importar cuántas veces cayera de los anillos o del caballo, debía levantarse e intentarlo de nuevo, una y otra vez, hasta el final. Lo importante en esta actividad, como en cualquier otra, es continuar.

El apoyo incondicional de su familia y de su mentor hicieron que Borís tuviera una gran confianza en sí mismo, que sin duda fue la clave para que el niño huérfano y asustadizo que entró una vez al entrenamiento de gimnasia, fuera apodado el Oso Ruso, no solo por su complexión física, sino por su seguridad.

En los olímpicos ganó un total de trece medallas, de las cuales siete fueron de oro. Fue campeón de Europa y del mundo en seis ocasiones, y se convirtió en uno de los deportistas más importantes de toda la historia.

Al retirarse, Borís no olvidó lo que su familia y mentor hicieron por él. Por eso quiso enseñarles a las nuevas generaciones eso que aprendió gracias al apoyo incondicional que recibió cuando perdió a sus padres: la disciplina y la importancia de creer en uno mismo como elemento fundamental a la hora de enfrentarse a un deporte, pues no importa qué tanto trabajo físico requiera, el mayor esfuerzo siempre será el mental. Dedicó el final de su carrera a ser juez en competencias internacionales de gimnasia, evaluando el esfuerzo a los deportistas más jovenes que consideraban un honor ser calificados por tan importante figura.

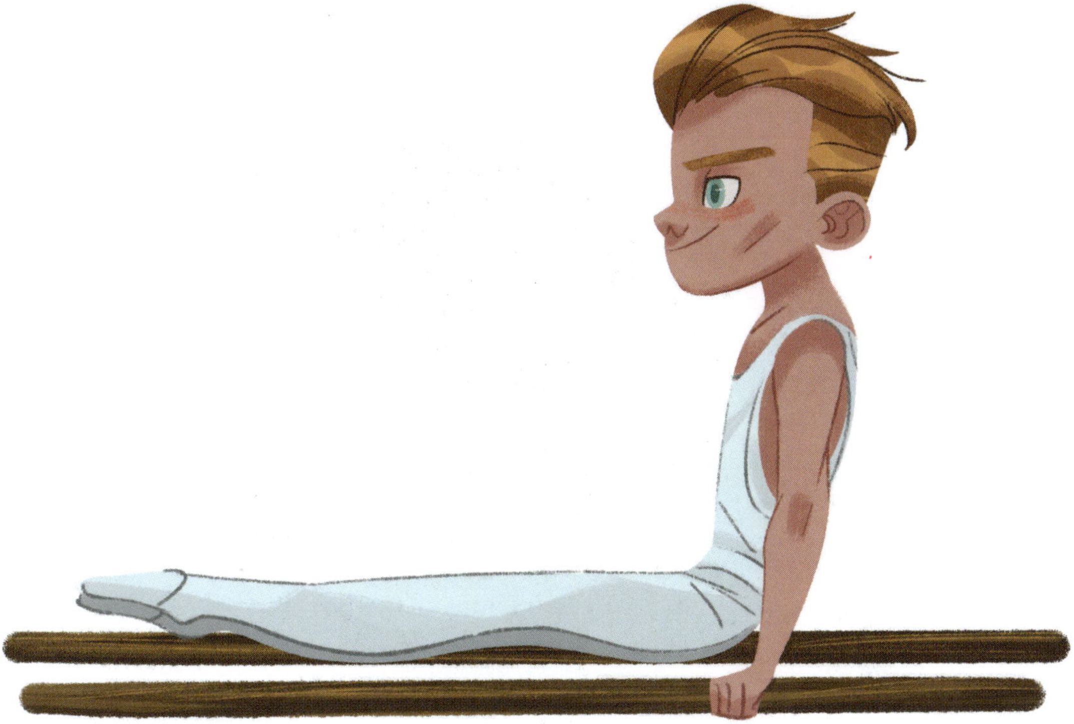

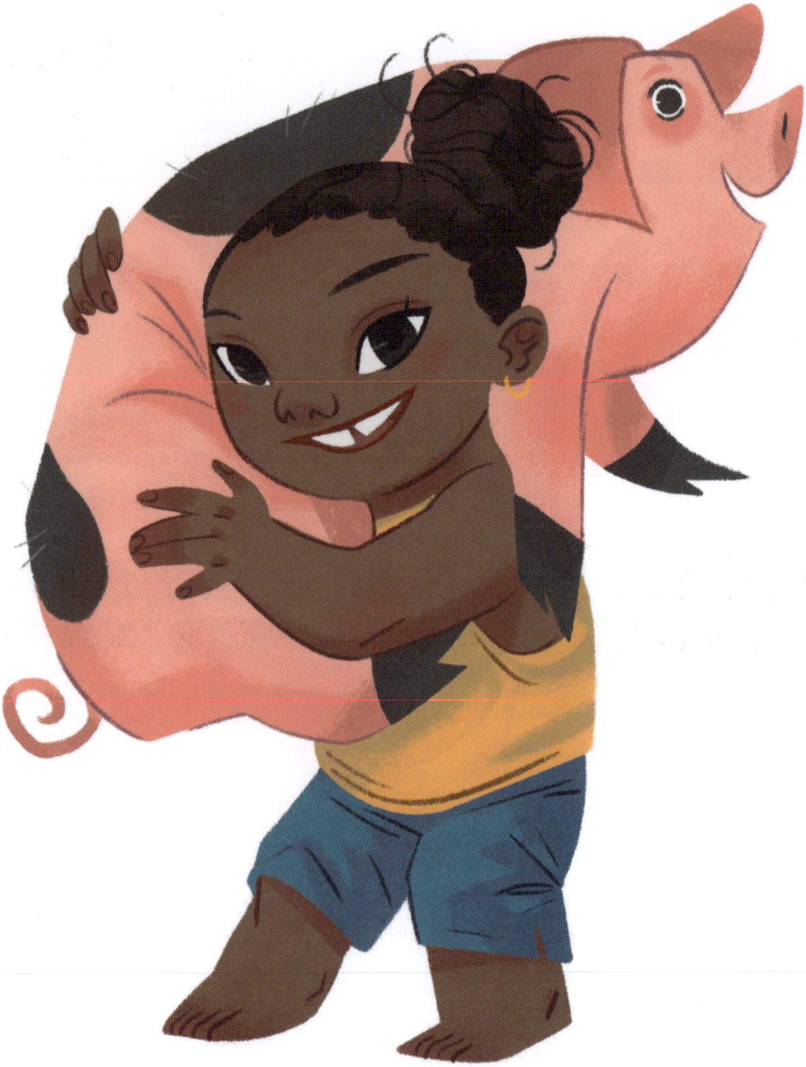

MARÍA ISABEL URRUTIA

Colombia

(1965)

Halterofilia

La carrera deportiva de María Isabel no fue fácil. Nació en una familia humilde que supo ingeniarse un sustento económico cuando su padre, un cargador de bultos, tuvo un accidente que le impidió volver a trabajar. Por este motivo, ella trabajó como recepcionista y vendedora de lotería y tamales para apoyar a su familia.

Pese a las circunstancias, tuvo tiempo para iniciarse en los lanzamientos de jabalina, disco y bala, en los que destacó en el ámbito nacional. Se topó con el levantamiento de pesas gracias al entrenador búlgaro Gantcho Karouchrov, quien la convenció de practicar esta disciplina en la Escuela Nacional del Deporte de Cali.

Todos reconocían que Gantcho era muy estricto, y María Isabel, quien estaba acostumbrada a superar retos, siguió todas las pautas de su mentor. Así cosechó una década de triunfos mundiales con tres medallas de oro, cinco de plata y dos de bronce.

Faltaba su participación olímpica, pero para esos años la halterofilia femenina no era permitida. Fue en

Sídney 2000 cuando las mujeres al fin tuvieron lugar en este deporte. Sin embargo, once meses antes, se lesionó la rodilla. Su proceso de recuperación fue largo y tuvo que parar sus entrenamientos, lo que preocupó a los dirigentes deportivos colombianos, quienes decidieron usar su cupo con otra pesista.

No obstante, su vida le había enseñado que frente a la adversidad no valían las lágrimas sino el coraje de no dejarse vencer. Nadie iba a robarle su sueño de estar en una olimpiada. Aprovechando que era una campeona mundial, logró una invitación especial y usó sus ahorros para cubrir sus gastos. Donde más tenía posibilidad de victoria era en la categoría de 75 kilos, para lo que tuvo que bajar veinte kilos sin perder su fuerza.

El 20 de septiembre del 2000, María Isabel hizo historia. No solo consiguió la primera medalla de oro para su país, sino que su triunfo abrió las puertas para que otros atletas colombianos lo lograran. Levantó 245 kilos en los dos movimientos, hazaña que igualaron sus rivales. El empate se definía a favor de quien pesara menos. Gracias a la estricta dieta de Gantcho, estaba un kilo por debajo de las otras y por esto ganó.

Fue recibida en Colombia como una heroína, quien, con un gran gesto de nobleza, no mostró recriminación hacia los dirigentes que no la habían apoyado. Además, al bajar del avión, le puso la medalla a su madre, quien jamás dejó que perdiera la fe.

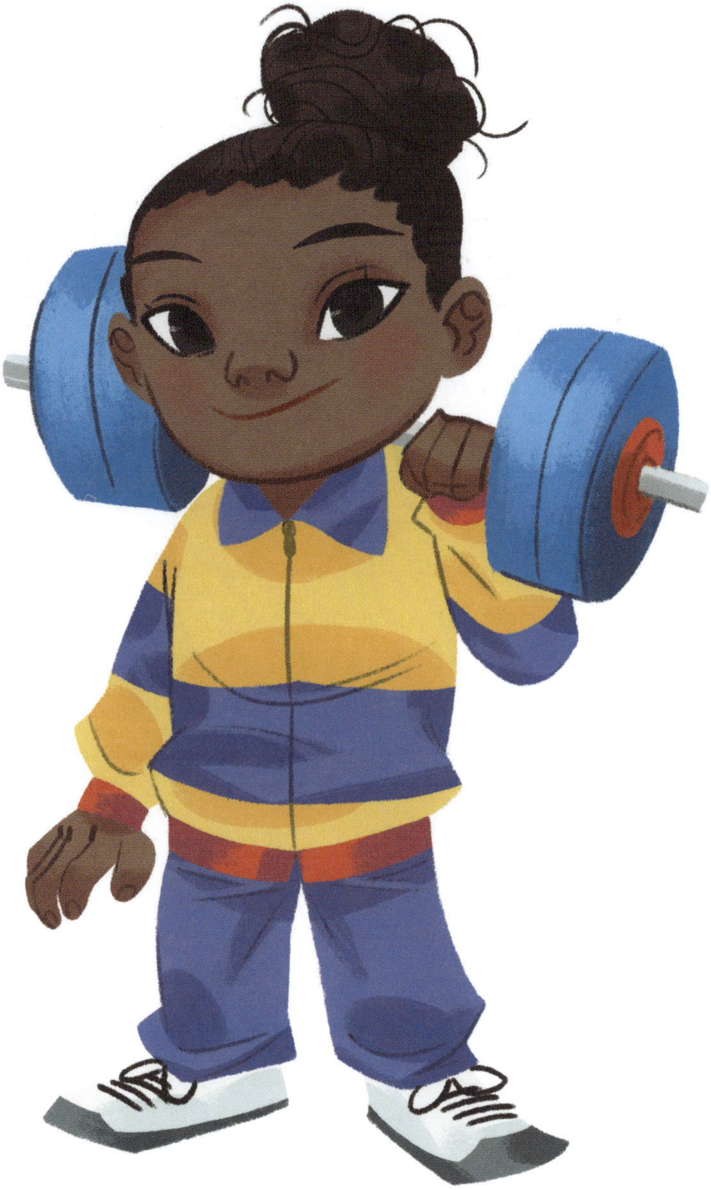

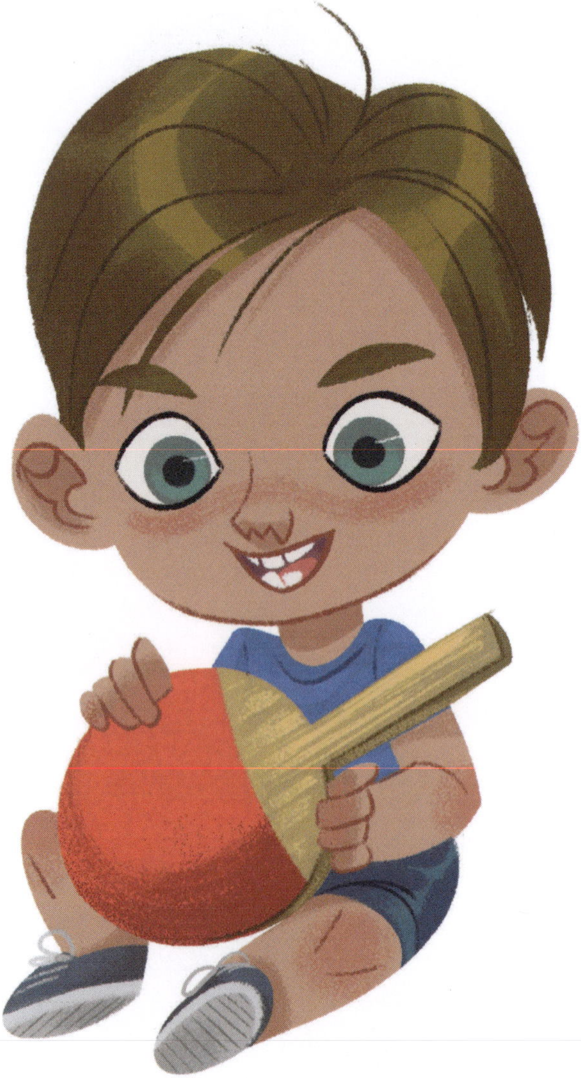

JAN-OVE WALDNER

Suecia

(1965)

Tenis de mesa

Jan se interesó en el tenis de mesa cuando tenía tan solo cinco años. Cuando jugaba en el colegio, sus padres, su hermano y sus profesores lo veían sorprendidos, pues tenía una habilidad innata para los deportes, en especial para dicha disciplina. Por eso, al año siguiente lo inscribieron en un club. Allí, su destreza con la raqueta le hizo ganarse el respeto de sus compañeros en poco tiempo, quienes terminaron apodándolo el Mozart del tenis de mesa.

Pronto se convirtió en un deportista respetado, no solo en Suecia, donde nació, sino en China, ya que en este país el tenis de mesa es el deporte nacional. Cuando era adolescente, asistió a un campeonato allí y se enamoró de la cultura y la dedicación de la gente por este deporte. Pero lo que más lo impresionó fue la solidaridad de los deportistas que le enseñaron a pulir su técnica, sin importar que con estos consejos él fuera a derrotarlos después.

Luego de su experiencia en China, el tenis de mesa dejó de ser un simple juego en su vida y se volvió una profesión de tiempo completo. Estudiaba técnicas noche y día, pero sobre todo, era bueno analizando a sus oponentes: conocía sus fortalezas, sus debilidades, por dónde debía atacarles y en qué momento del juego hacerlo.

El camino para llegar a la cima no fue sencillo, pero ascendió con tenacidad y entrega: con diecisiete años ya se había convertido en subcampeón de Europa y, cuando cumplió veinticuatro, ya era campeón del mundo.

En 1992 ganó la medalla de oro en las individuales de tenis de mesa en los Juegos Olímpicos de Barcelona. Fue un momento glorioso en su carrera y en la memoria de todo su país, pues gracias a este triunfo logró posicionar a su nación como uno de los referentes mundiales de tenis de mesa. Esto inspiró a millones de niños y jóvenes que encontraron en este deporte una sana diversión.

Jan siempre será recordado como el jugador que globalizó el tenis de mesa en Europa y en occidente en general, lo que lo convierte en una de las personalidades del deporte europeo más admiradas por toda China y por los seguidores de esta disciplina.

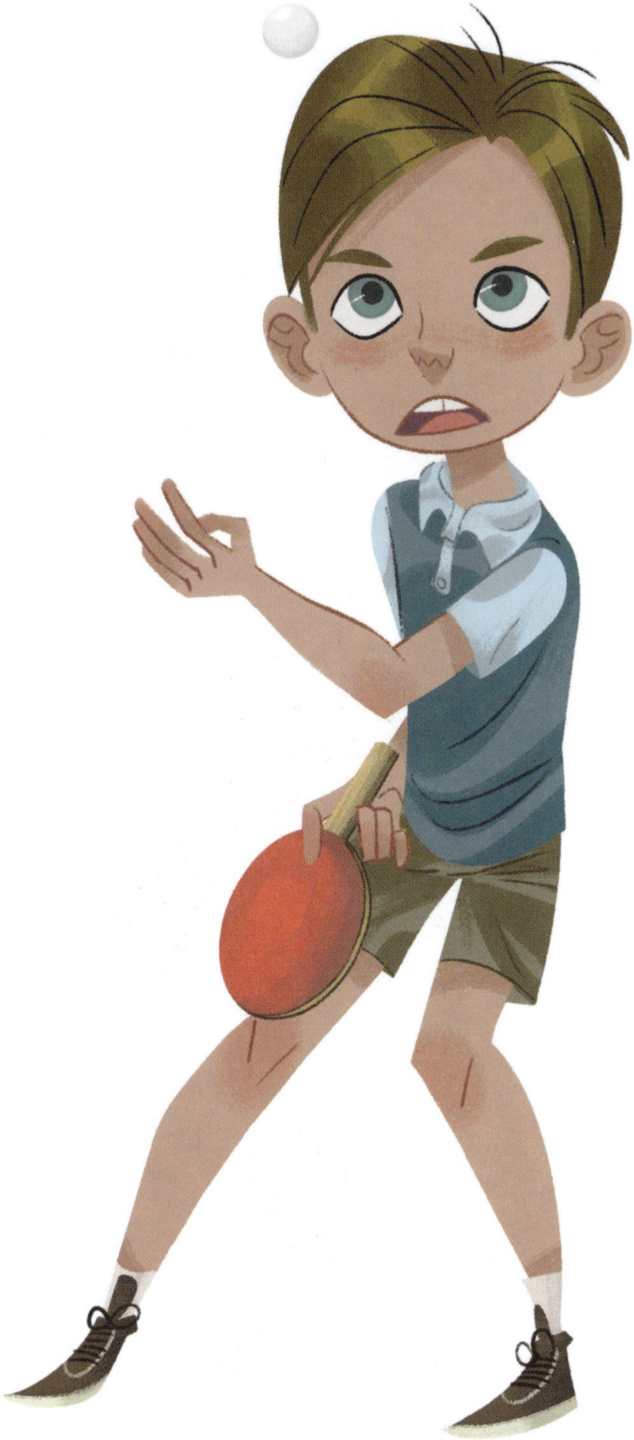

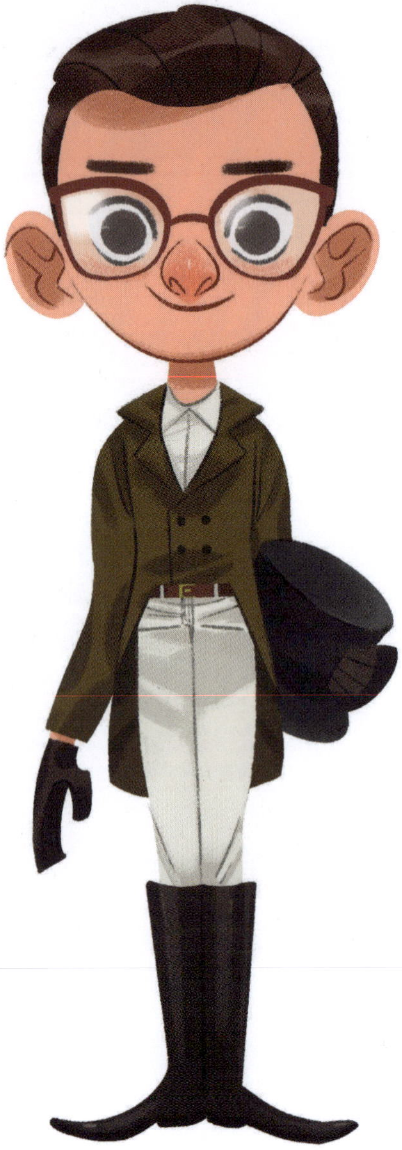

HANS GÜNTER WINKLER

Alemania
(1926-2018)

Equitación

Las personas de Renania del Norte-Westfalia, en Alemania, son reconocidas por el amor y respeto que profesan por los caballos. Hans era hijo de un entrenador ecuestre, nació en esta zona y gracias al trabajo de su padre, tuvo contacto con estos majestuosos animales desde chico.

Hansi, como lo llamaban en su familia, tenía un gran talento para la monta y el salto, pero la Segunda Guerra Mundial se interpuso en su camino. El mundo tranquilo de las pesebreras con heno fue cambiado por el de la artillería antiaérea, donde fue auxiliar. Durante esta época tuvo que enfrentar la muerte de su padre en la guerra y el bombardeo de la vivienda materna por parte de los aliados. Después de la rendición, con su país destrozado pero con los sueños de ser un gran jinete, realizó varios trabajos. Pronto logró volver al mundo equino, al principio como cuidador y luego como instructor de los caballos de los oficiales americanos.

En 1948 tuvo su primera oportunidad de competir en salto y obtuvo el primer lugar. Esto le permitió ser convocado en el equipo olímpico alemán, allí conoció a Halla*, una yegua que sería fundamental para su carrera como deportista.

Su primera participación olímpica con Halla fue en 1956 en Estocolmo. Aunque los juegos oficialmente eran en Melbourne, la equitación no se realizó en Australia por temas de salud pública. Allí ganó la medalla de oro en salto individual y por equipos, pese a padecer, en las finales, de una lesión en la ingle. Luego, en las siguientes cuatro olimpiadas, Roma, Tokio, Múnich y México, logró tres preseas doradas y una de bronce en salto por equipo, una marca que hasta el día de hoy no ha podido ser superada.

Los últimos Juegos Olímpicos de Winkler fueron en Montreal 1978, donde ganó la medalla de plata. Se retiró en 1986 de la disciplina del salto ecuestre para dedicarse a entrenar al equipo alemán y promocionar este bello deporte por el mundo.

*Halla, su fiel compañera, tiene el récord de ser el caballo que más medallas de oro ha ganado en la historia olímpica.

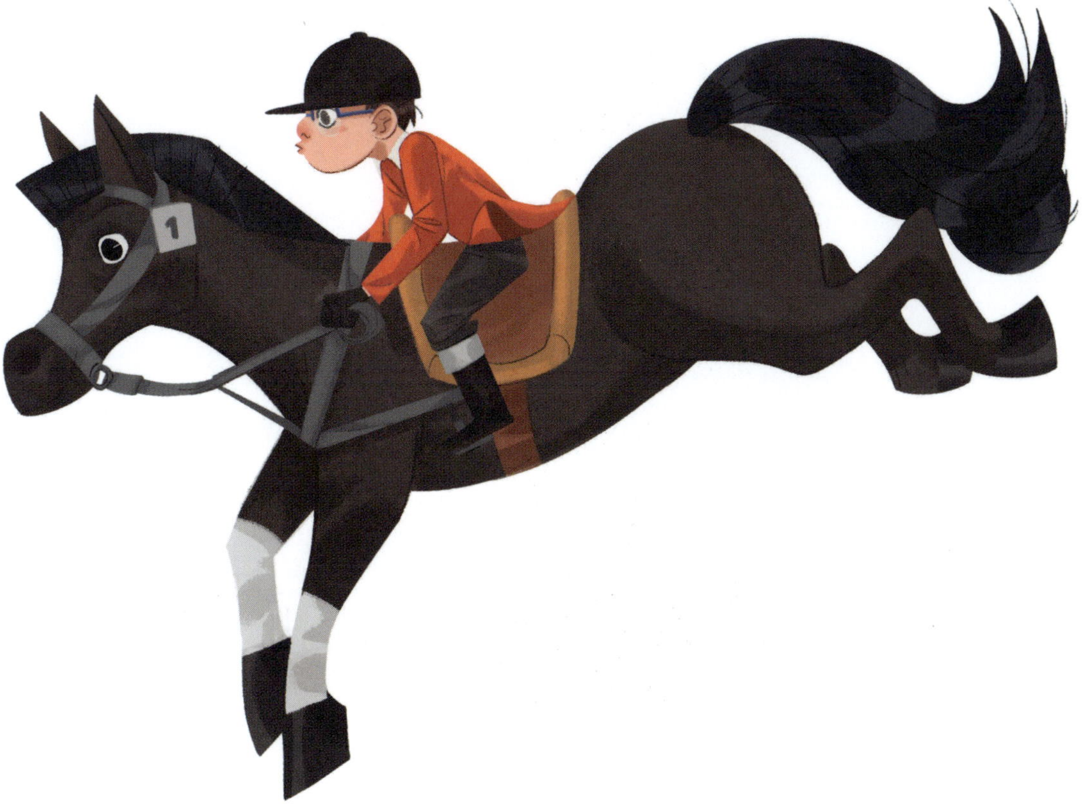
1

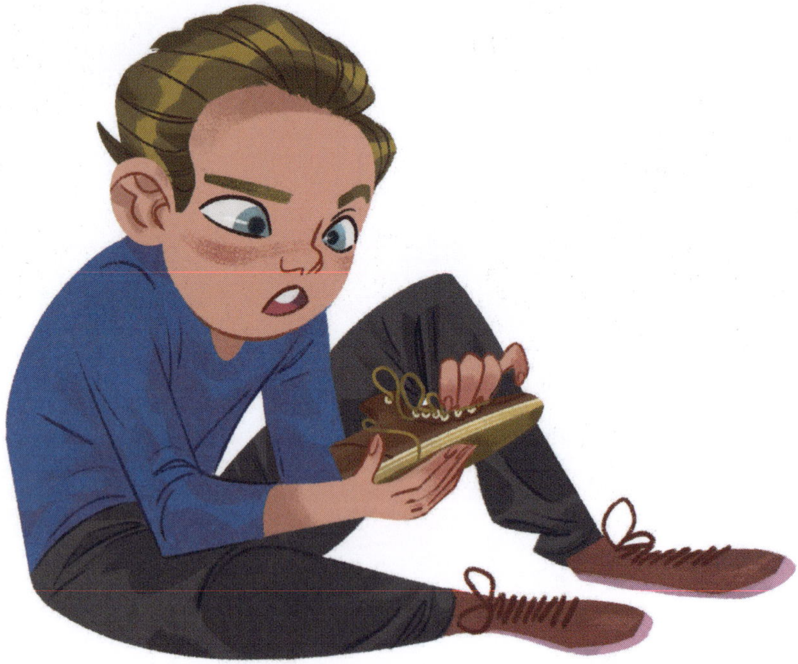

EMIL ZÁTOPEK

Checoslovaquia
(1922-2000)

Atletismo - Carreras

A Emil no le gustaba correr, incluso creía que era pésimo para cualquier actividad física que demandara un mínimo de esfuerzo. "Eso es para otros, yo soy muy débil", pensaba. Toda su infancia vivió convencido de que su cuerpo no era fuerte y de que no tenía la contextura física ni la resistencia necesaria para correr ni unos pocos metros.

Cuando cumplió dieciséis años, el jefe de la compañía para la que trabajaba organizó una carrera de carácter obligatorio. Como era natural, Emil hizo todo lo que estuvo a su alcance para evitar correr, incluso llegó a alegar cierta discapacidad física. Sin embargo, una vez el médico de la compañía lo examinó, dictaminó que el joven estaba en perfectas condiciones y tuvo que hacerlo.

Emil no solo corrió, sino que lo hizo como nunca lo había hecho. Como no creyó que podía hacerlo, no ganó; aunque puso todo de él. No obstante, ese día alcanzó un triunfo aún más grande al darse cuenta de que su mente era más fuerte que su cuerpo, solo necesitaría entrenar, seguir corriendo y no dejarse vencer por los obstáculos que durante tanto tiempo habían habitado en su mente.

Fue así como descubrió en las carreras de fondo un estilo de vida, y se esforzó hasta alcanzar un lugar destacado en la competencia más grande a la que un deportista puede aspirar: los juegos olímpicos. Se preparó tanto como pudo y fue con una meta clara: sería el campeón del mundo.

Sin embargo, esto no ocurrió, eran sus primeras olimpiadas y terminó en quinto lugar. Aun así, no permitió que esto se interpusiera entre él y sus sueños, y siguió entrenando. Los críticos del deporte despreciaban su manera de correr: la calificaban de aberrante, y aseguraban que jamás triunfaría corriendo en la manera que lo hacía, pero Emil mejoró su técnica con pasión.

Poco a poco fue avanzando y mejorando sus tiempos sin cambiar su manera de correr, hasta que alcanzó el máximo triunfo que un atleta puede conseguir en unos Juegos Olímpicos, y se convirtió en el único ser humano que ha ganado la carrera de los 5000 metros, la de los 10 000 metros y una maratón en un mismo año.

En 1957 se retiró de los deportes de alto rendimiento después de establecer dieciocho récords mundiales, tres olímpicos y cincuenta y un nacionales. Unas 35 000 personas vitorearon su nombre en la pista, y lo llamaban la Locomotora Humana, a él, que antes de los dieciséis años pensaba que era débil para cualquier deporte.

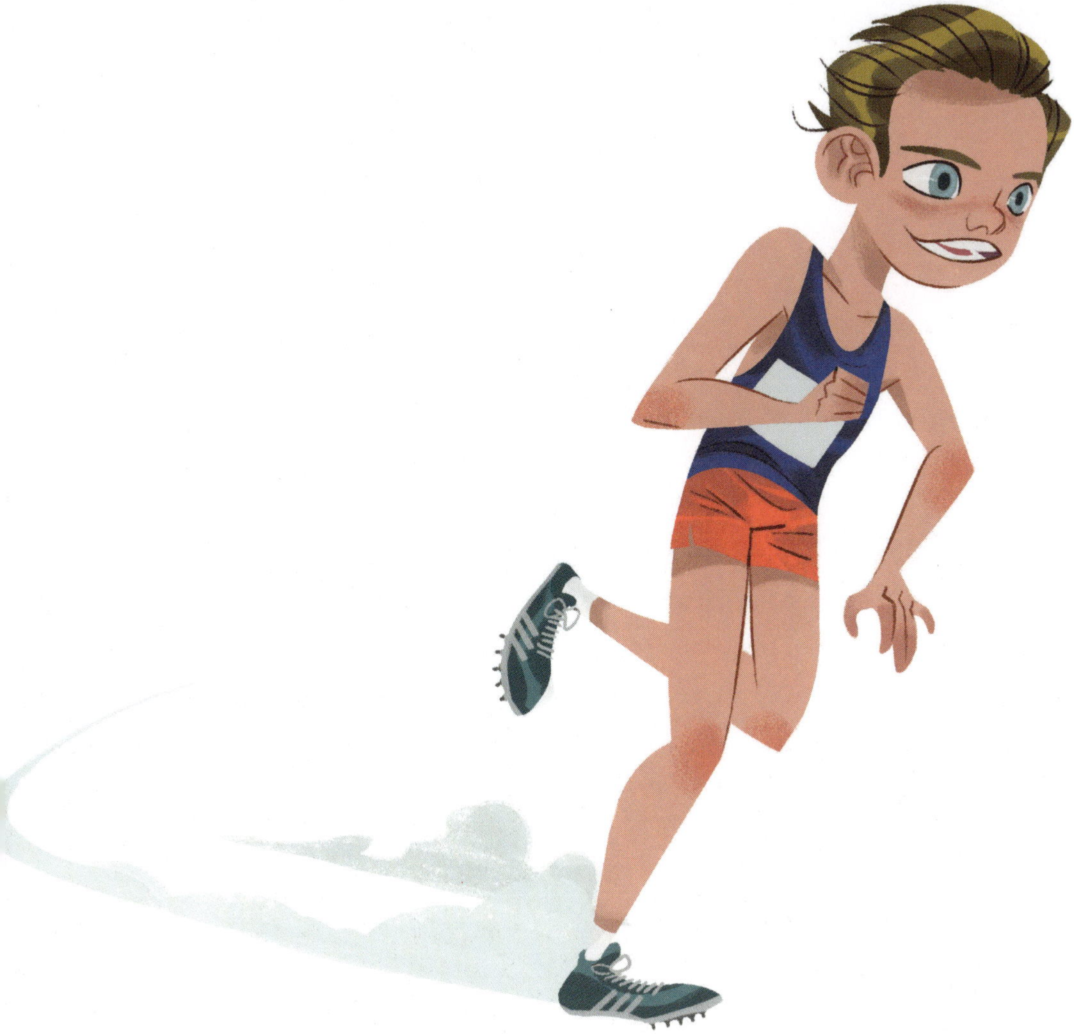